André PITRA

OSER DIRE ET SAVOIR LE DIRE

Le Souffle d'Or
5 allée du Torrent - 05000 Gap (France)
www.souffledor.fr

Illustration couverture : marie@mariethebird.com
Photocomposition : A' Prim / Fouras (17)
Impression et façonnage : XL Print / Saint-Etienne (42)
Imprimé sur Munken Print FSC à partir d'encres végétales

Dépôt légal : septembre 2011
ISBN 978 2 84058 428 5
Le Souffle d'Or
5 allée du Torrent - 05000 Gap (France)
Tél. 04.92.65.52.24
www.souffledor.fr

Table des matières

INTRODUCTION

« Je n'aime pas ma vie », c'est ce que j'ai dit et ressenti pendant une grande partie de celle-ci.

Une grande fragilité émotionnelle, un profond manque de confiance en moi, une absence totale de visibilité sur ce que je voulais vraiment ont engendré une incapacité à m'affirmer et une énorme difficulté à oser dire les choses.

Il m'a fallu des années pour sortir de cet enfer particularisé par le fait de savoir que l'on devrait réagir mais que l'on en est incapable.

Quelle en est la cause ? Notre éducation, notre tempérament... ? D'où vient cette fragilité ? Ce livre n'est pas destiné à chercher le pourquoi mais plutôt à orienter sur comment sortir de cette fragilité lourde de conséquences sur notre équilibre, sur notre santé, sur nos relations, sur notre joie de vivre, sur notre épanouissement.

Il est probable que notre éducation joue un rôle important dans notre façon de communiquer d'aujourd'hui. Notre milieu familial a pu favoriser ou non l'ouverture vers les autres.

Vu leur expérience de vie, mes parents que j'adore ne pouvaient pas contribuer à aider ce petit garçon à grandir en confiance : un père attendrissant mais très violent verbalement, sans doute à cause de nombreuses colères accumulées et non exprimées ; une mère adorable mais plutôt effacée qui nous rappelait sans cesse : « Il ne faut pas déranger. »

De là à affirmer que mon manque de confiance venait uniquement de l'environnement familial ? Peut-être ? Tout ce que je sais, c'est qu'il est possible d'élever ce niveau de confiance et d'affirmation de soi pour arriver à créer des relations riches basées sur la franchise, la sincérité, le respect de soi et de l'autre, des relations authentiques.

Ce livre *Oser dire et savoir le dire* a été écrit avec la profonde intention de vous aider à prendre votre vraie place grâce à une autre façon de communiquer. Je souhaite qu'il soit ainsi le coup d'envoi d'une nouvelle vie.

OSER DIRE

Notre vie est un immense espace de communication, un tissu de rencontres, de discussions et d'interactions. Dans tous les domaines – travail, famille, amitié, amour... – nous sommes confrontés à des situations difficiles où, sous l'effet d'un comportement, d'un mot, d'un regard, nous pouvons perdre nos moyens. L'être humain a alors deux façons de réagir :

- Soit ne rien dire, et garder en soi-même la souffrance éprouvée ;
- Soit dire, mais d'une manière réactive qui peut être blessante, agressive, maladroite.

Ces deux attitudes sont destructrices.

Ne pas oser dire provoque souvent :

- La colère contre soi
- La sensation de subir
- Une sensation d'impuissance
- Le dégoût de soi
- La tristesse
- Le sentiment de nullité
- Le repli sur soi
- Une envie de compensation (alcool, tabac, nourriture, télé...)
- Des ennuis de santé.

Ne pas savoir dire peut entraîner :

- De la culpabilité
- Des remords
- Des relations tendues
- Des conflits
- De la honte
- De l'isolement

Le premier principe de la communication

La plupart des personnes que je rencontre ont déjà essayé de nombreuses fois d'expliquer telle ou telle chose à leur partenaire, à leur enfant, à leur patron, à un ami, à un membre de leur famille, etc. Mais à chaque fois qu'elles ont tenté de se faire comprendre et de dire ce qu'elles éprouvaient, elles ont eu l'impression d'avoir affaire à un mur.

Pour moi, il n'y a pas de mur ! Il y a seulement notre incapacité à faire passer notre message.

Pour progresser réellement dans sa communication, il est donc indispensable d'intégrer une règle fondamentale et difficile à admettre : **quand je tente d'expliquer quelque chose à quelqu'un et que l'autre ne comprend pas, ce n'est pas de sa faute, c'est de ma faute !**

Ce principe n'est pas destiné à vous faire culpabiliser mais à vous pousser à remettre en question la façon de vous y prendre.

Considérons par exemple l'histoire de Danielle, une secrétaire qui n'avait pas été augmentée depuis sept ans. Elle s'adressait régulièrement à son patron pour négocier son augmentation mais elle ne l'avait jamais obtenue. Année après année, cet homme se comportait toujours de la même manière. Dès qu'elle ouvrait la bouche, il explosait : « Écoutez, cette histoire d'augmentation, maintenant ça suffit ! C'est chaque fois la même chose, j'en ai assez ! » Incapable de réagir, Danielle ressortait du bureau tétanisée et honteuse. Sous le regard moqueur de ses collègues, elle regagnait son bureau. Son patron était tranquille au moins pour six mois. Il avait pris le pouvoir sur elle, il connaissait la faiblesse de Danielle et chaque fois il en jouait.

Cette femme était profondément découragée. Sa souffrance allait au-delà de l'augmentation qu'elle n'obtenait pas : elle se sentait honteuse de ne pas parvenir à réagir à la violence de son patron. Se dépréciant à ses propres yeux, elle réfrénait ce profond sentiment d'injustice et sa colère intérieure. Elle aussi disait : « Avec lui, je ne peux pas m'exprimer ! J'ai affaire à un mur et en plus il me fait peur ! »

Plus vous vous persuaderez que vous avez affaire à un mur, plus vous accepterez les faits sans réagir, et plus vous rencontrerez ce type de situation sur votre chemin.

Si Danielle souffrait beaucoup de cette relation avec son employeur, elle avait aussi constaté que dans d'autres domaines de sa vie, il y avait de nombreuses personnes en face desquelles elle n'osait pas s'exprimer.

Ce que vous allez découvrir maintenant, ce sont précisément des techniques efficaces et des outils élaborés pour faire face à ces personnes qui vous impressionnent. Tout se joue dans le domaine émotionnel.

Apprivoiser ses émotions

En effet, apprendre à bien communiquer nécessite d'abord d'apprivoiser ses émotions. Fondements de notre personnalité, celles-ci constituent une partie intégrante de nous-mêmes. Il n'est donc pas question de les supprimer ni de les refouler. À mon sens, cela est d'ailleurs impossible. Au contraire, il s'agit de les accueillir, de les comprendre, de les apprivoiser et de faire en sorte, au moyen de techniques appropriées, qu'elles ne soient plus un frein à notre évolution.

Ces émotions resteront néanmoins présentes et il est important d'intégrer que toute notre vie, quel que soit notre niveau de développement personnel, la peur, le doute, la tristesse, la colère, la haine, etc., pourront ressurgir au moment où nous ne nous y attendrons pas.

Les émotions dévastatrices

Il existe trois types d'émotions :

- les émotions positives ;
- les émotions neutres ;
- les émotions négatives.

J'appelle également ces dernières les émotions « dévastatrices » et le mot n'est pas trop fort.

Dans n'importe quel type d'interaction, que ce soit au bureau, chez vous, chez des amis, dans la rue, il suffit souvent d'un rien pour que, très brutalement, vous vous sentiez heurté au point d'en perdre tous vos moyens. En un instant, tout vous échappe : un mot qui blesse, un comportement injuste ou un regard peuvent suffire.

Cela se produit en une fraction de seconde. Soudain, l'attitude ou les propos de l'autre désorganise en totalité votre système émotionnel. C'est la tempête intérieure. Vous vous sentez vidé. En vous, tout s'affole, tout se mélange, vous aimeriez exprimer ce que vous éprouvez mais rien ne peut sortir. Vous savez que vous devriez réagir, mais c'est impossible. Touché et tétanisé, vous êtes incapable de faire quoi que ce soit. C'est très violent.

À cet instant, pris dans la tempête émotionnelle, deux solutions se présentent et toutes les deux sont mauvaises :

- ou bien, sous la violence du coup, vous partez sans rien dire. Rentré chez vous, souffrant profondément de ne pas avoir osé répondre, vous commencez à ruminer et vous aurez peut-être envie de vous ruer sur la bouteille de whisky, sur le frigo, sur votre paquet de cigarettes, sur la télé... ;
- ou bien vous réagissez trop vivement, trop rapidement, souvent d'une manière excessive et maladroite qui peut être lourde de conséquences.

Dans notre première approche, nous allons travailler sur cette fraction de seconde où tout bascule.

Le point vert

Ayant connu longtemps la fragilité émotionnelle et la souffrance de ne pas oser dire les choses, j'ai dû élaborer un outil me permettant d'apprivoiser mes émotions dans ces moments où je perdais tous mes moyens. Je l'ai baptisé « **le point vert** ».

Son but est de vous aider en toute occasion à vous recentrer afin que vous puissiez trouver le mot ou le comportement juste, adapté à la situation. Vous permettant de retrouver le calme au cœur de la tempête, le « point vert » vous met sur le chemin de la maîtrise de vous-même.

Avant d'aller plus loin dans l'apprentissage de cet outil, je veux évoquer un reportage qui m'a interpellé et inspiré dans son élaboration. Dans ce reportage, un champion de karaté est attaqué simultanément par sept personnes armées de couteaux et de bâtons. Pour la plupart d'entre nous, cette situation provoquerait un affolement total. Le maître de karaté, lui, ne bouge pas, son visage reste impassible et le plus étonnant, c'est qu'il ferme les yeux ! Soudain, son buste pivote et son bras se déploie à la vitesse de l'éclair pour atteindre à la gorge l'un des attaquants qui arrivait par derrière. Sous la rapidité et la précision du coup, l'agresseur s'effondre.

Observant ces images, on se demande comment un être humain peut arriver simplement en fermant les yeux à se recentrer au point de sentir avec une telle exactitude le moment juste et l'endroit précis où il doit frapper, et cela sans se retourner.

C'est la preuve qu'on peut parvenir à un état dans lequel tous nos sens atteignent leur paroxysme : notre système de perception détecte alors le moindre élément nécessaire à l'action. En communication, l'état spécifique obtenu grâce au « point vert » est du même ordre. Grâce à cet outil, votre intuition sera développée au maximum. Ainsi sollicitée, elle laissera émerger les mots et les comportements les plus adéquats à la situation rencontrée.

Pour créer le point vert, je me suis inspiré de la technique des « ancrages » utilisée en PNL[1] : le point vert est en effet une succession d'ancrages. Un ancrage est l'association d'un sens – la vue par exemple – avec une émotion. C'est pour cela qu'on emploie également le terme « neuro-association ».

On distingue quatre types d'ancrages : visuels, auditifs, kinesthésiques[2], olfactifs.

Voyons ensemble un exemple type d'ancrage visuel. Vous avez décidé de ranger votre maison et de classer vos papiers ; tout va bien, il fait beau, vous êtes joyeux. À un moment

1. PNL : Programmation NeuroLinguistique.

2. Kinesthésique : qui a rapport aux sensations physiques telles que le toucher.

donné, vous ouvrez un tiroir et vous tombez sur une photo. En la voyant, vous êtes subitement envahi par une grande tristesse. Cette photo représente un ancrage visuel négatif : associée pour vous à un sentiment de tristesse, il y a de fortes chances pour qu'à chaque fois que vous la voyiez, vous retombiez dans le même état psychologique.

Pour mieux comprendre encore l'incidence que les ancrages peuvent avoir dans votre vie quotidienne, voici un autre exemple. Il s'agit cette fois d'un ancrage kinesthésique.

Un homme – Marc – vient de perdre sa maman. Au cimetière, le jour de l'enterrement, un de ses amis proches – Laurent – vient lui présenter ses condoléances. Il le serre dans ses bras et, faisant ce geste, il pose ses mains à une place précise dans le dos de Marc alors que celui-ci est plongé dans la tristesse du deuil. Environ un an après, Marc fête son anniversaire. Ses amis arrivent un à un : champagne, cadeaux, fleurs ! Laurent sonne à la porte, Marc vient lui ouvrir, souriant et heureux de le retrouver. Laurent le serre dans ses bras. Involontairement il pose alors ses mains exactement au même endroit et de la même manière qu'au cimetière. Le visage de Marc change brusquement. Sans qu'il comprenne pourquoi, sa joie tombe subitement. Sans le savoir, Laurent vient de réveiller l'ancrage kinesthésique créé chez Marc le jour des funérailles de sa maman. Posées au même endroit dans le dos de Marc, ses mains ont réactivé la même émotion négative.

Le point vert est la succession de trois ancrages puissants, liés à des émotions positives. Nous allons les décrire un par un.

Le 1er ancrage : le calme

Chacun de nous possède en lui une zone de calme très profond. L'objectif de l'exercice est d'aller la rejoindre et de nous y connecter. Au moment où la sensation de calme atteindra son paroxysme, nous créerons un 1er ancrage kinesthésique : le calme.

Pour vous connecter à cette zone, je vous propose de vous asseoir confortablement et de poser vos mains à plat sur vos genoux.

Respirez profondément et calmement en ne faisant bouger que l'abdomen. Lorsque vous inspirez, gonflez le ventre en laissant la poitrine immobile. Puis expirez lentement et le plus longtemps possible en rentrant le ventre au maximum. Lorsque vous n'avez absolument plus d'air, repartez pour une nouvelle inspiration profonde en gonflant le ventre.

Cette respiration abdominale vous permettra de vous détendre à chaque fois que vous rencontrerez des situations stressantes ou angoissantes.

Tout en respirant profondément, je vous invite à vous concentrer d'abord sur les muscles de votre cuir chevelu et à les détendre progressivement. Concentrez-vous ensuite sur les muscles du visage puis du cou. Relâchez les épaules, détendez les muscles des bras, du dos, des fessiers, des cuisses, des mollets et descendez ainsi jusqu'à vos pieds et jusqu'à l'extrémité de vos orteils.

Lorsque vous referez cet exercice, n'hésitez pas à fermer les yeux pour vous relaxer encore davantage.

Au fur et à mesure que le calme s'installe en vous, je vous demande de rapprocher lentement vos mains l'une de l'autre. Quand vous sentez que votre calme intérieur est le plus profond et le plus agréable possible, faites en sorte que vos deux pouces entrent en contact.

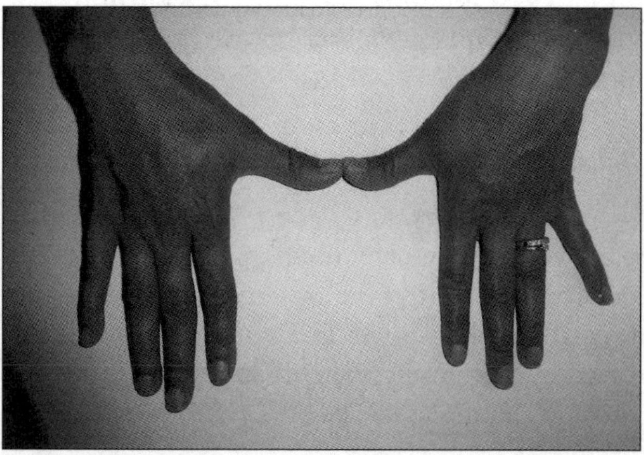

Pendant cet exercice, vous pouvez aussi amplifier la sensation de calme en imaginant une musique ou un paysage qui a l'art de vous apaiser.

Soyez particulièrement attentif et vigilant à la sensation spécifique que vous éprouverez au moment précis où vos deux pouces se toucheront. C'est au moment de ce contact que se crée le 1er ancrage du point vert. Toutes les cellules de votre corps garderont en mémoire ce calme ainsi que les images et les sons que vous y avez associés. À chaque fois que vous referez ce geste, vous retrouverez un état de calme aussi profond que celui éprouvé lors de la création de l'ancrage.

L'un des intérêts des ancrages est de pouvoir être utilisés partout – dans le métro, au bureau... – et dans toutes les circonstances. Dans les moments de peur, de panique, de stress, ils vous permettront ainsi de retrouver rapidement votre calme.

Le 2e ancrage : l'alignement

Aussi puissant soit-il, ce 1er ancrage ne suffit pas. En effet, « oser dire » peut paraître évident mais lorsque vous vous retrouverez en face d'une personne qui vous impressionne, vous devrez puiser encore plus loin pour atteindre la maîtrise de vous-même. Pour devenir plus fort mentalement et être capable d'affronter les situations difficiles dont nous parlons, il m'a donc fallu créer un autre ancrage : l'alignement.

L'alignement, c'est cette sensation particulière de force, de confiance en soi, de puissance intérieure et de certitude que nous avons tous éprouvée au moins une fois dans notre vie. Quand nous nous sentons alignés, nous avons une impression de liberté et le sentiment que rien ne peut nous ébranler.

Pour créer le 2e ancrage du point vert, je vous invite précisément à retrouver dans votre passé une expérience où vous avez ressenti cette certitude, cette confiance et cette détermination.

Pour rechercher cette expérience, je vous suggère de nouveau de vous asseoir confortablement pour vous relaxer. Les mains posées sur vos genoux, vous recommencez à respirer avec le ventre et à détendre progressivement chaque muscle de votre corps.

Tout en revivant mentalement ce moment d'alignement, vous rapprochez vos index l'un de l'autre. Lorsque vous vous sentirez bien aligné, il est probable que votre corps se redressera de lui-même. Au moment où les sensations de certitude, de confiance en soi et de puissance atteindront leur paroxysme, vos deux index entreront en contact.

Soyez attentif à ce que vous éprouverez à l'instant précis où vos index se toucheront : c'est lors de ce contact que le 2e ancrage du point vert sera créé.

Le 3e ancrage : la maîtrise

Avec les pouces et les index en contact, nous avons les ancrages de calme et d'alignement. Mais il faut aller encore plus loin.

Je vous rappelle que nous cherchons à atteindre le même état que ce karatéka qui parvient à se centrer parfaitement pour développer une intuition maximale. C'est cet état qui vous permettra de disposer de toutes vos capacités lorsque vous serez pris dans la tempête émotionnelle, incapable de réagir ou, au contraire, sur le point d'exploser de colère.

Le 3e ancrage est donc celui de la maîtrise de soi. Lors de vos interactions, cette qualité consiste avant tout à ne pas fuir et à ne pas réagir. Elle est fondée sur des valeurs telles que la force de caractère, l'endurance, la capacité à savoir gérer la souffrance. Acquérir une meilleure maîtrise de soi est un élément essentiel des grands changements de comportements.

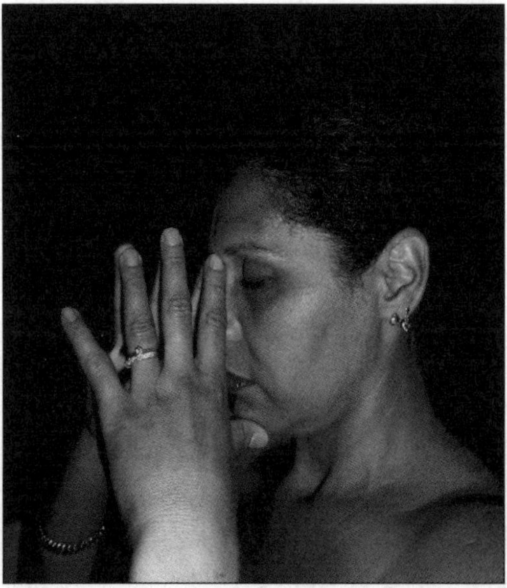

Pour installer ce 3e ancrage, je vous invite encore une fois à vous relaxer : position assise, respiration abdominale, détente musculaire. Les pouces et les index en contact, vous allez maintenant monter les mains très lentement vers votre visage. Alors que vous accomplissez ce mouvement tranquillement, millimètre par millimètre, les sensations spécifiques de calme et d'alignement liées aux deux premiers ancrages s'intensifient. Représentez-vous mentalement ce qu'est la maîtrise de soi, et quand votre détermination à ne pas fuir et à ne pas réagir atteint son summum, posez vos index juste entre vos yeux alors que vos pouces prennent position sur votre menton. C'est au moment où vos index se connectent à ce point précis situé entre les deux yeux que le 3e ancrage est créé.

Bravo ! Avec ces trois ancrages, vous avez maintenant construit votre point vert. Au début, faites-le lentement en prenant soin de revivre chaque étape de son élaboration. Avec le temps, il deviendra un réflexe et vous disposerez ainsi d'un outil puissant pour trouver la meilleure façon de réagir face aux personnes qui vous impressionnent.

Les questions que l'on se pose

La peur de surprendre

Parvenu à ce stade, vous vous posez peut-être une question : « Que va penser la personne en me voyant faire ce geste ? ». Certes, elle sera sans doute surprise. Dans ce type de situation, elle avait l'habitude de vous voir fuir ou réagir par la colère. Et là, rien ! Touché de plein fouet, vous ne partez pas, vous ne dites pas un mot : vous faites votre point vert et vous attendez. Il y a de fortes chances pour que la personne se demande ce qui se passe.

En effet, nous possédons tous une façon de réagir prévisible pour ceux qui nous connaissent bien. C'est d'ailleurs grâce à cela que votre interlocuteur a pris le pouvoir sur vous : consciemment ou inconsciemment, il sait exploiter vos points faibles.

Mais ce jour-là, votre comportement est complètement différent : ni fuite, ni réaction violente. Oui, la personne est intriguée, et c'est bien ! Elle le sera encore plus par votre manière d'enchaîner après le point vert...

La peur du ridicule

Certaines personnes s'inquiètent plus précisément d'avoir l'air ridicule en faisant le point vert. L'expérience montre que la surprise de ne pas vous voir réagir comme d'habitude l'emporte largement sur une éventuelle impression de ridicule.

Cependant, même si on trouvait votre comportement ridicule, quelle importance cela aurait-il ? Est-il plus ridicule de faire le point vert pour vous recentrer et oser vous exprimer, ou de continuer à souffrir de votre manque de courage ? Votre silence ne vous a-t-il pas déjà coûté assez cher ? L'heure est venue de laisser émerger ce cri qui vient du fond de vous : « Jamais plus ça ! » Ne jamais plus souffrir en silence en pensant que l'autre va deviner votre mal-être ; ne jamais plus subir sans réagir pour vous venger ensuite sur vous-même ou sur des personnes qui n'y sont pour rien ; ne jamais plus vous ridiculiser en réagissant violemment et maladroitement ! Il est temps de vous poser la question : qu'est-ce que vous voulez **vraiment** ? Si vous avez ce livre entre les mains, c'est que vous avez envie d'être enfin vous-même.

Attendez-vous à déranger en prenant votre véritable place. Le simple fait de décider de dire ce que vous ressentez va troubler certaines personnes qui vous préféraient comme vous étiez avant. Intriguées, elles trouveront sans doute que vous avez changé.

Comment Danielle pourrait-elle cesser de fuir devant son directeur sans surprendre celui-ci ? Depuis sept ans, à chaque fois qu'elle vient demander une augmentation, il suffit à cet homme d'élever la voix pour que Danielle s'en aille sans rien dire avec un sentiment de honte et de nullité. Imaginons alors la stupéfaction du directeur le jour où, ayant appris à apprivoiser ses émotions, elle va rester en face de lui, immobile, faisant son point vert.

Plus loin dans ce livre, en étudiant la stratégie précise de l'Oser dire et du Savoir dire, nous analyserons finement ce qu'éprouve Danielle à ce moment précis où son seul objectif est d'aller jusqu'au bout : « Cette fois-ci, je vais enfin réussir à lui faire face, je me le suis promis : plus jamais ça ! »

Un autre effet du point vert

Le point vert possède également un effet inattendu qui met en jeu d'une manière inextricable les interactions entre les individus : dès que quelque chose change, tout change.

Les personnes de votre entourage vont vous voir faire le point vert dans certaines situations : quand vous aurez de la peine ou quand vous serez déstabilisé, elles vont s'apercevoir qu'au lieu de fuir ou d'éclater en colère, vous faites désormais ce geste. Il va alors devenir un ancrage pour elles aussi. Quand vous ferez votre point vert, ces personnes se diront : « J'ai dû dire quelque chose qui est difficile à vivre pour lui » ou « Je l'ai blessé et il souffre »... Comprenant que vous avez été touché, votre interlocuteur sera déstabilisé à son tour. La violence de la situation sera atténuée. Le temps sera suspendu. Tout semblera s'arrêter. En face de cette surprise, vous ne bougez pas, vous êtes en train de calmer la tempête émotionnelle qui monte en vous. Votre détermination est fondée sur vos nouvelles résolutions : « Ne pas fuir, ne pas réagir... Chercher seulement à installer le calme en moi, respirer lentement, me reprendre : dans le calme tout s'arrange. »

C'est un moment particulièrement éprouvant mais qui vous annonce que vous êtes en train de changer et d'acquérir une meilleure maîtrise de vous-même. Vous êtes maintenant capable d'installer un état physique et psychologique permettant de trouver les mots et les comportements justes à un moment où la tempête émotionnelle fait rage.

Ce moment du point vert peut paraître une éternité. En réalité, il dure généralement une vingtaine ou une trentaine de secondes.

Dessiner votre rêve

« Ils ont échoué parce qu'ils n'avaient pas commencé par le rêve », écrit William Shakespeare.

En lisant ce livre, vous souhaitez acquérir les facultés d'oser dire et de savoir dire. Je vous propose maintenant de transformer ce souhait en un véritable rêve et de matérialiser ce rêve par un dessin. Il peut s'agir par exemple d'une représentation symbolique de vous-même en pleine possession de vos moyens dans la communication, de vous osant enfin vous exprimer, osant dire oui, osant dire non, osant demander, osant dire « Stop ! » Vous, confiant et libre !

Place pour le dessin

Vous vous demandez peut-être pourquoi illustrer votre rêve par un dessin et ce que cela vient faire dans un ouvrage sur la communication.

Pour acquérir ces nouvelles facultés, atteindre cet objectif ambitieux et réaliser votre rêve, nous allons solliciter la partie de vous qui constitue votre potentiel : votre inconscient. Cet ami formidable qu'on peut rattacher à l'intuition va vous envoyer des nouvelles idées, des nouvelles solutions. Il adore les grands challenges : pour lui, tout est possible, il ne connaît aucune limite.

Faire un dessin de votre rêve constitue une manière originale et efficace de lui demander de l'aide. Ainsi sollicité, il se mobilisera aussitôt et travaillera jour et nuit jusqu'à l'atteinte de votre rêve. Il en est ainsi pour tous les rêves que vous pouvez avoir.

Mettre en application : choisir la personne qui sera votre « cas d'école »

L'apprentissage du « Oser dire » est très confortable quand on est dans son lit, un livre à la main. Mais le véritable enseignement se fera quand vous vous retrouverez face à une personne qui vous impressionne beaucoup. Ne fuyez plus : c'est en faisant votre premier « Oser dire » que vous découvrirez la magie de ce moment et que vous commencerez à prendre confiance en vous.

C'est pourquoi il vous faut définir tout de suite la personne à laquelle vous ferez ce premier « Oser dire ». Tout au long de ce livre, cette personne va vous servir de véritable « cas d'école » : c'est par rapport à elle que vous allez étudier les techniques et les outils qui constituent la méthodologie et la stratégie très précises pour parvenir à oser dire et à savoir dire.

Pour que votre travail soit le plus efficace possible, il est nécessaire de la choisir parmi les personnes avec lesquelles vous avez le plus de difficultés à vous exprimer : le mieux est de prendre celle que vous considérez comme un véritable mur.

D'autre part, je conseille vivement d'accomplir ce premier « Oser dire » rapidement après l'apprentissage, dans la semaine qui suit ou dans les quinze jours tout au plus. En mettant tout de suite la théorie en pratique, vous intégrerez vraiment la méthode et vous remporterez ainsi votre première grande victoire sur vous-même. Or ce sont précisément ces victoires qui vous permettront de reconstruire une plus grande estime et une plus grande confiance en vous.

Le but profond d'un « Oser dire » : « casser » la relation

Il est évident qu'une personne qui ose enfin dire les choses ressent un profond soulagement : elle se sent libérée d'un poids qui, depuis des années, engendrait un mal-être et empêchait l'évolution.

Cependant, un « Oser dire » a aussi un impact sur celui qui le reçoit et toute la relation avec cette personne va s'en trouver modifiée.

Il est clair que si vous avez un « Oser dire » à faire à une personne, c'est que la relation que vous entretenez avec elle n'est pas satisfaisante. Construite sur de mauvaises bases, elle est à l'opposé d'une relation authentique. Elle ne mène pas à l'épanouissement et elle ne peut évoluer. Douloureuse pour vous, elle l'est peut-être aussi pour l'autre : c'est l'heure de la « casser ».

Il faut appréhender soigneusement le sens que je donne ici au mot « casser » : il ne s'agit en aucun cas de vouloir « rompre la relation » mais, bien au contraire, de la « casser » **telle qu'elle est actuellement**. Cela est nécessaire pour avoir la possibilité de donner naissance à une autre relation plus harmonieuse ou, le cas échéant, pour ne plus avoir de relation du tout avec cette personne. Si cela se produit, cette « absence de relation » ne vous fera plus souffrir parce que vous aurez eu l'opportunité de vous exprimer.

Oser dire, ce n'est pas tenter de renouer une relation ou d'arranger les choses tant bien que mal. C'est oser exprimer ce que vous ressentez quelles que soient les réactions de la personne en face de vous. Oui, peut-être qu'après votre « Oser dire », la personne ne voudra plus vous voir... C'est un risque que vous devez accepter, sinon votre « Oser dire » sera encore englué dans des peurs qui vous empêchent d'être sincère et il ne sera pas assez fort pour atteindre son but.

Pour arriver au bon résultat, il est essentiel de ne pas présumer des conséquences de votre démarche. Vous ne devrez avoir aucune attente. Votre objectif bien sûr est de construire et non de détruire. Vous devrez d'ailleurs commencer par exprimer cet objectif, c'est-à-dire votre intention profonde que ce livre vous permettra de définir de mieux en mieux : « Mon intention est que nous travaillions dans un bon climat, avec une bonne entente » ; « Mon intention est que nous arrivions à des relations familiales harmonieuses. » ; « Mon intention est que nous soyons plus heureux dans notre couple. »...

Cependant, vous allez dire des choses qui sont au plus profond de vous depuis longtemps et elles risquent d'être difficiles à entendre. Vous ne pouvez pas prévoir l'issue de votre

« Oser dire », c'est impossible. Et c'est précisément en allant faire votre « Oser dire » dans un état d'esprit de détachement que vous laisserez la magie opérer. Une seule chose est essentielle : **oser exprimer ce que vous avez sur le cœur depuis des années**. Ça passe ou ça casse, mais votre envie d'être heureux et libre, votre détermination à vous sentir respecté, entendu et pris en compte doivent être plus fortes que vos appréhensions.

Quand Danielle retournera voir son directeur après avoir appris à oser dire, l'un de ses points forts sera d'être psychologiquement préparée à toutes les éventualités. Pour la première fois, elle sera prête à s'entendre répondre : « Écoutez Madame, si c'est comme ça, allez chercher votre chèque ! On vous fait votre compte et on arrête tout de suite de travailler ensemble ! » Pour tenir, elle se dira en elle-même : « Je vais aller au bout et me dépasser complètement : je ne me pose plus de questions, je ne me demande pas ce qui se passera si mon patron fait ceci ou cela... Cette fois-ci, je parviendrai à exprimer toutes ces années de frustration où je ne me suis sentie ni respectée ni valorisée... Après, il pourra dire ce qu'il veut, me licencier ou me garder dans l'entreprise, mais j'ai décidé que, pour moi, la vie ne serait plus jamais la même. »

Dans un premier temps, on peut se dire que cet état est un état de colère. C'est vrai : même si à terme un « Oser dire » se situe à l'opposé de la colère, il faut pour y parvenir que la colère monte en soi.

Il existe de bonnes et de mauvaises colères. La bonne colère, c'est celle qui monte du fond de vous quand vous prenez conscience que ne pas oser dire a gâché beaucoup de belles années de votre vie, que pendant trop longtemps vous avez subi sans rien dire, que vous êtes passé pour un faible aux yeux des autres et à vos propres yeux... La colère contre vous-même devient alors un véritable levier qui vous aide à passer à l'action. C'est une colère dynamisante qui, sans volonté de démolir l'autre, vous conduit à prendre votre véritable place dans des relations franches, sincères et authentiques. C'est aussi cette colère qui vous oblige à vous attaquer à vos peurs, à les comprendre et à les dépasser : elles vous ont coûté si cher jusqu'ici.

Les peurs et les croyances

Lister ses peurs

« Ne pas oser dire » est la manifestation de peurs spécifiques. Elles sont différentes selon la personne à laquelle vous vous adressez et selon la nature de la relation que vous entretenez avec elle.

Ce sont ces peurs liées à votre « Oser dire » qu'il vous faut maintenant identifier et lister par écrit.

Pour cela, je vous propose d'imaginer que vous vous trouvez en face de la personne que vous avez choisie comme « cas d'école ». Vous allez devoir oser lui dire des choses que vous avez sur le cœur depuis longtemps. Vous vous sentez mal à l'aise et prêt à renoncer à l'affrontement : à ce moment précis, de quoi avez-vous peur ?

S'imaginant face à son patron pour lui demander encore une fois son augmentation, Danielle a ainsi décelé que derrière son incapacité à réagir se cachait la peur d'être licenciée et de ne pas pouvoir retrouver un autre travail.

Selon la nature du « Oser dire », ces peurs peuvent être très variées : peur du conflit, peur de blesser, peur de briser la relation, peur des réactions violentes... Dans un couple, cela peut être par exemple peur que cela conduise à la séparation.

Bien communiquer est synonyme de précision. Aussi, il est important d'aller le plus loin possible en vous pour identifier ces peurs une à une. Cela vous permettra d'en prendre conscience et il est reconnu que ce dont nous prenons conscience est déjà en voie de guérison. Si vous ne pointez pas clairement vos peurs, vous demeurerez avec une angoisse contre laquelle vous ne pourrez pas grand-chose. C'est pour cela qu'il est vraiment nécessaire de prendre votre temps pour découvrir ces peurs et pour en faire une liste qui vous sera indispensable quand nous aborderons le domaine des croyances.

Considérons le cas de Didier. Cet homme d'une quarantaine d'années avait fondé une entreprise avec un associé. L'entreprise était aujourd'hui prospère. Vivant à l'étranger, l'associé de Didier ne se rendait au siège de la société que pour les réunions les plus importantes et les conseils d'administration. De ce fait, c'était essentiellement Didier qui avait la charge de leur entreprise.

Depuis l'origine de leur collaboration, cet associé devait à Didier une somme d'argent importante – environ 30 000 euros. Le problème de Didier était qu'il n'osait pas parler de cette somme et réclamer son dû. Les rares fois où il avait tenté de le faire, son associé avait réussi à changer de sujet, remettant Didier à sa place en lui faisant comprendre à demi-mot qu'il pouvait s'estimer heureux d'être associé à un homme tel que lui, que c'était finalement grâce à lui qu'il gagnait bien sa vie puisque c'était lui qui l'avait mis sur l'affaire.

Cet associé avait donc pris l'ascendant sur Didier. Il l'impressionnait. En face de lui, Didier perdait ses moyens : il se sentait fragile et inférieur. Au fil des années, cette situation était devenue insupportable et Didier voulait absolument en sortir : il désirait parvenir à oser demander clairement à son associé l'argent que celui-ci lui devait.

En cherchant à identifier qu'elles étaient les peurs qui l'empêchaient d'oser demander cette somme d'argent, Didier s'est rendu compte qu'il craignait que son associé mette fin à leur collaboration. Sa peur principale était de se retrouver sans travail et sans argent. En l'empêchant de réclamer son dû, cette peur maintenait Didier dans son comportement habituel, en apparence confortable, qui consistait à ne rien dire et à penser : « Comme je gagne bien ma vie dans cette entreprise, il vaut mieux ne pas faire de vagues. »

Lister ses croyances

L'identification des peurs est un pas important dans l'apprentissage du « Oser dire ». Mais il est nécessaire d'aller encore plus loin et de remonter jusqu'aux croyances. Il faut en effet savoir que nos comportements sont dictés par nos émotions et que nos émotions sont elles-mêmes dictées par nos croyances. C'est ce que j'appelle le système relationnel.

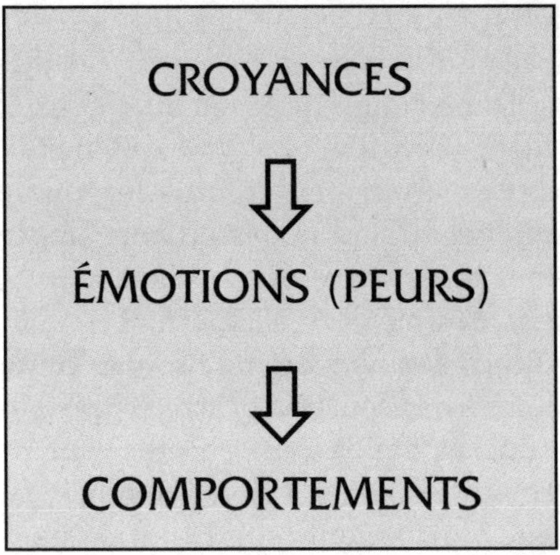

Ce schéma montre bien que si vous voulez modifier un comportement tel que celui de ne pas oser dire, vous devez d'abord trouver l'émotion qui le provoque puis trouver la croyance qui maintient cette émotion. Vous n'avez pas peur par hasard.

Dans le cas de Didier, **le comportement** est « Je n'ose pas demander à mon associé ce qu'il me doit, je ne passe pas à l'action » ; **l'émotion** est la peur et, en s'interrogeant sur lui-même, Didier a découvert qu'il s'agit plus précisément de la peur de se retrouver sans travail et sans argent. Dans cette nouvelle étape, il devra se demander quelle est **la croyance** sur laquelle repose cette peur.

Il existe deux types de croyances : les croyances limitantes et les croyances dynamisantes. Dans l'apprentissage du « Oser dire », vous allez travailler sur vos croyances limitantes, c'est-à-dire sur toutes les certitudes qui vous tirent vers le bas et vous empêchent d'évoluer vers votre épanouissement. Elles viennent des milliers d'expériences que vous avez vécues depuis votre naissance. Toutes ces expériences ont construit votre représentation du monde et définissent ce que vous croyez aujourd'hui sur vous, sur les femmes, sur les hommes, sur l'argent, sur l'amitié, sur la famille, sur la relation amoureuse, sur la réussite, etc. Ces croyances contribuent souvent à maintenir un état de non-confiance et de dévalorisation. De plus, elles peuvent être difficiles à identifier car elles se sont souvent installées sans que vous vous en rendiez compte.

Il est pourtant indispensable de les découvrir car elles sont le véritable moyen de dépasser vos peurs et de parvenir à modifier vos comportements.

Voilà pourquoi je vous invite maintenant à faire la liste de vos « croyances ». Que vous a-t-il fallu croire depuis des années sur vous-même, sur la communication et sur les autres pour fonder ces peurs que vous venez de lister, toutes ces peurs qui vous paralysent quand il s'agit d'oser dire et qui fondent ainsi ce comportement que vous désirez changer ?

Nous verrons plus loin les outils, les techniques et la stratégie qui permettent de construire son « Oser dire » et de le faire dans de bonnes conditions, mais nous sommes ici dans un moment essentiel de notre quête. Il est indispensable d'y consacrer le temps de réflexion et d'introspection nécessaire : que croyez-vous, que faut-il que vous ayez cru jusqu'ici pour ne pas oser dire ?

Tant que vous aurez ces croyances, vous ne pourrez pas dire ces choses que vous avez sur le cœur depuis des années.

C'est en acceptant cette démarche et en allant toujours plus loin dans son questionnement que Didier a découvert quelles croyances soutenaient ses peurs. Il s'est rendu compte qu'il croyait n'avoir aucune qualité de manager, de leader et être tout à fait incapable de faire quelque chose d'important par lui-même. Pensant ainsi, il oubliait que c'était lui qui dirigeait réellement l'entreprise, son associé n'étant là que pour les réunions importantes. Il oubliait complètement ses propres qualités de gestionnaire, d'organisateur, de meneur d'hommes. Il en était arrivé à se vendre l'idée que si son associé se séparait de lui, il ne pourrait pas rebondir seul. Il croyait aussi que communiquer était égal à conflit, violence ou rupture.

Dans la relation avec son associé, c'étaient donc ses propres croyances qui l'amenaient à se sentir inférieur. Fondées sur ces croyances limitantes et dévalorisantes, ses peurs étaient naturelles : il avait peur que son associé mette fin à leur collaboration et, au bout du compte, il n'osait pas demander la somme importante que l'autre lui devait.

De même, tant que Danielle restait dans la peur de se faire licencier en osant demander une augmentation, elle ne pouvait pas réagir à la violence de son directeur. Pour déminer cette peur, il lui a fallu remonter à ses croyances et s'apercevoir qu'elle s'était persuadée que demander, c'était être trop exigeante, que c'était déranger. Comme de nombreux adultes ayant entendu dans leur enfance une phrase telle que : « Il ne faut pas demander, il ne faut pas déranger ! », Danielle s'était vendu la croyance : « Demander, ce n'est pas bien ! ».

Citons encore l'exemple de Nathalie, une femme dont le mari se conduisait à la maison d'une manière insupportable : quand il rentrait du travail, il balançait ses chaussures négligemment et, sans même dire bonjour à sa femme, il allumait la télé en demandant : « Quand est-ce qu'on mange ? » Elle aurait bien voulu lui dire qu'il pourrait ranger ses chaussures dans le placard prévu à cet effet, qu'elle aimerait qu'il fasse davantage attention à elle et qu'il prenne en compte sa fatigue. Elle avait parfois essayé mais, entravée par ses peurs, c'était toujours trop timidement pour que son mari entende sa souffrance. Dans la liste de ses peurs, elle avait écrit : « J'ai peur que mon mari prenne mal ma demande, j'ai peur qu'il se mette en colère, j'ai peur que ça crée un conflit et que les choses s'enveniment... »

On voit à quel point ces peurs étaient démesurées mais elles étaient fondées sur des croyances très fortes et installées depuis longtemps : malgré le magnifique travail que les femmes ont fait pour parvenir à des relations plus équitables et respectueuses, Nathalie croyait encore au fond d'elle-même qu'un homme à tous les droits et que la femme doit être à son service.

Ainsi, même si vos croyances limitantes vous apparaissent comme des vérités absolues, vous vous apercevrez la plupart du temps qu'elles sont en réalité complètement infondées. Ce sont pourtant elles qui maintiennent chez vous des peurs paralysantes vous empêchant de prendre votre place et vous confinant dans cette zone apparemment confortable où vous ne passez pas à l'action et où vous laissez les choses se faire.

Si vous avez ce livre dans les mains, c'est que vous en avez assez de subir en silence, assez de ne pas vous sentir entendu et respecté, assez de vivre des sentiments de culpabilité, de colère, de tristesse à cause de toutes ces situations où vous n'osez pas dire.

C'est pour cela que l'étape dans laquelle nous sommes est très importante : en vous concentrant sur cette question « Que m'a-t-il fallu croire pendant toutes ces années pour ne pas oser dire ? », vous allez retrouver et détecter les croyances qui ont freiné votre communication et qui ont contribué au fait d'en être encore là aujourd'hui. En listant ces croyances, vous vous faites un cadeau magnifique car le simple fait de les identifier permet déjà de commencer à vous en libérer. Votre seul effort aujourd'hui, c'est de les détecter.

Les expériences primaires : comment transformer nos expériences douloureuses ?

Pour aller plus loin dans la compréhension de votre système relationnel, il est cependant intéressant de partir à la recherche des « expériences primaires ». Ayant donné naissance à vos croyances, elles sont à la base de vos émotions et de vos comportements.

Comme son nom l'indique, une expérience primaire est une des premières fois où un enfant se trouve en difficulté dans un domaine précis. En matière d'oser dire, c'est donc une situation où il ne parvient pas à trouver en lui les ressources nécessaires pour exprimer ce qu'il éprouve. Cette expérience donne naissance à une façon de réagir mal adaptée qui va devenir la réaction habituelle de cet enfant. Elle aura une lourde incidence tout au long de sa vie en influençant sa façon de vivre, de réagir et de communiquer.

Fondant votre système relationnel actuel, les expériences primaires constituent de véritables ancrages négatifs : à chaque fois qu'en tant qu'adulte vous revivez des situations similaires à ces expériences du passé, vous recontactez inconsciemment les mêmes impressions, les mêmes sentiments désagréables et la même incapacité à oser dire.

Ces expériences primaires sont souvent nichées assez loin dans l'enfance, le plus souvent entre quatre et dix ans. Nous en avons tous et je vous propose ici un très bel exercice dont le but est d'aller retrouver ces expériences où tout a déraillé, afin de pouvoir les déminer, les nettoyer, les réparer, c'est-à-dire modifier l'empreinte qu'elles ont laissée et qui influe sur votre évolution et sur votre façon de communiquer.

Je vous invite d'abord à repartir en relaxation profonde en suivant la technique adoptée lors de la construction de votre point vert : position assise avec les mains sur les genoux, respiration abdominale, relâchement musculaire progressif et total de chaque partie du corps. Prenez tout votre temps, n'hésitez pas à prolonger cette étape pendant plusieurs minutes et quand vous sentez que vous avez atteint un bon niveau de détente, identifiez une expérience récente où vous n'avez pas osé dire. Cela peut être arrivé dans la semaine ou dans le mois précédent. Il est préférable de choisir une expérience forte et difficile émotionnellement.

Quand vous avez retrouvé cette situation, je vous invite à ressentir à nouveau tout ce que vous ressentiez lors de cette expérience, à revoir précisément tout ce qu'il y avait autour de vous, à réentendre tous les bruits qui vous environnaient...

Je vous suggère maintenant d'imaginer votre passé sous la forme d'une ligne, puis de reculer sur cette ligne imaginaire pour redevenir de plus en plus jeune. Vous pouvez par exemple revivre différentes étapes de votre vie, revoir différentes écoles où vous avez été élève. Votre but est de retrouver l'une des premières fois où vous avez ressenti les mêmes sensations que dans l'expérience récente évoquée au commencement de l'exercice.

À un moment, vous allez probablement retrouver une situation de votre enfance où vous vous êtes senti en difficulté face à une ou plusieurs personnes : c'est sans doute une situation où vous subissez, où vous devriez dire quelque chose mais où vous n'osez pas. L'état de relaxation où vous êtes vous permet de revivre cette expérience d'autrefois, souvent presque oubliée : vous êtes alors vraiment dans la peau de l'enfant que vous étiez. C'est souvent un moment éprouvant et émouvant.

Admettons par exemple que vous vous revoyez en enfant de sept ans. Votre mère est en train de vous disputer sévèrement pour une faute que vous n'avez pas commise, et vous ne pouvez rien dire, vous ne parvenez pas à réagir.

Je vous propose alors de sortir mentalement du corps de cet enfant de sept ans et, en tant qu'adulte, d'observer la situation d'un endroit où l'enfant ne vous voit pas. Votre mission est d'imaginer un « cadeau » pour aider cet enfant, c'est-à-dire une ressource qu'il n'a pas et qui lui serait utile à cet instant-là : que pourrait-il dire pour retrouver plus de confort, de liberté, de sérénité dans ce moment difficile ? quel comportement nouveau pourrait-il avoir ? Il pourrait par exemple oser s'affirmer au lieu de subir passivement les reproches que sa maman lui adresse, il pourrait oser dire : « Je ne suis pas d'accord »... En apportant à l'enfant une autre façon de réagir, cette nouvelle ressource va modifier sa façon de vivre cette expérience douloureuse. Cette ressource est le premier cadeau que l'adulte donne à l'enfant dans cette situation.

Il s'agit maintenant d'aller tester ce cadeau. Pour cela, je vous invite à revenir mentalement en situation d'enfant. L'enfant reçoit donc le 1er cadeau d'un adulte qui l'aime beaucoup et il met en application cette première nouvelle ressource : « Ça va mieux ! », constate-t-il. En face de lui, sa maman est surprise de cette réaction.

Mais ce premier cadeau n'est pas suffisant et vous allez recommencer le processus. Vous observez cette fois-ci la scène d'un autre endroit, en imaginant comment vous pourriez aider l'enfant déjà muni de son 1er cadeau pour qu'il puisse retrouver encore plus de confiance en lui et de joie de vivre. Ce sera le deuxième cadeau, un nouvel élément qui manquait à l'enfant pour qu'il puisse faire face à la situation d'une manière totalement satisfaisante. Ce peut être par exemple une manière de répondre : « Maman, calme-toi. » ou « Maman, tu peux me parler gentiment s'il te plaît parce que quand tu me parles comme ça, j'ai l'impression que tu ne m'aimes plus. », des mots que l'enfant n'avait pas ou qu'il n'arrivait pas à dire. Peut-être ne savait-il même pas qu'il pouvait répondre...

L'adulte donne le deuxième cadeau à l'enfant et l'enfant reçoit cette deuxième ressource. Maintenant il se sent vraiment bien.

La maman est de plus en plus surprise par la réaction de son enfant : « D'habitude, il ne me parle pas comme ça, il ne répond pas quand je le dispute. »

Je vous invite alors à reprendre le chemin sur la ligne qui représente votre vie. Muni de vos deux cadeaux, de vos deux nouvelles ressources, vous revenez progressivement jusqu'à l'âge adulte et vous retrouvez la situation récente où vous n'osiez pas dire, cette situation identifiée au tout début de l'exercice.

Curieusement – « magiquement » selon certaines personnes – cette expérience se trouve complètement transformée à votre avantage. En quelque sorte, vous avez « hérité » des ressources données mentalement à l'enfant et vous les avez automatiquement adaptées à la situation.

Ces « deux cadeaux » offerts à l'enfant que vous avez été, ces deux ressources qu'il n'avait pas, sont vraiment d'une nature étonnante : ils resteront très présents dans votre esprit, influenceront fortement votre nouvelle façon de communiquer et vous accompagneront désormais dans tous vos « Oser dire ».

La communication : une affaire de précision

Après vous être préparé émotionnellement à « Oser dire », vous êtes prêt à découvrir la phase suivante : « Savoir dire ». Vous verrez à quel point il est encore question de précision.

Mais afin de mesurer encore davantage la nécessité du travail sur les peurs et les croyances, il est important de comprendre comment celles-ci sont responsables de l'imprécision de ce que nous voulons dire et comment elles jouent un rôle essentiel dans le fait que l'autre ne peut pas nous entendre vraiment.

Vous-même, vous avez sans doute déjà tenté d'exprimer les choses que vous aviez à dire. Mais paralysés par vos peurs, vous les avez dites timidement, à demi-mot. Ces peurs que vous avez maintenant détectées et listées vous ont empêché jusqu'ici de vous exprimer d'une manière claire. Votre message s'est trouvé dilué et atténué jusqu'à être inaudible. Pour exprimer ce que vous aviez à dire, vous avez pris des détours, pensant que l'autre allait comprendre malgré tout. Bilan de l'opération : la personne n'a rien compris. Plus encore, vous êtes peut-être passé pour quelqu'un qui n'est pas clair. Il est possible que votre interlocuteur ait pensé en toute bonne foi : « Mais qu'est-ce qu'il veut me dire ? Il est tellement embrouillé que je ne comprends rien. »

Il y a pire : en utilisant des façons détournées et indirectes de communiquer un message, en n'arrivant pas à formuler une demande claire et nette, vous avez peut-être donné l'impression de ne pas être franc. Là encore, la peur d'oser dire se retourne contre vous : la plupart du temps, les personnes qui n'osent pas dire passent pour peu sincères et peu fiables. Ce sont des gens dont on dit : « On ne sait pas trop ce qu'il pense ». Et, dans la vie, on aime rencontrer des personnes claires.

OSER DIRE – Fiche récapitulative

- **Accepter le premier principe de la communication** : « Quand je tente d'expliquer quelque chose à quelqu'un et que l'autre ne comprend pas, ce n'est pas de sa faute, c'est de ma faute ! ».
- **Apprivoiser ses émotions : faire le point vert**

  - 1er ancrage : *le calme* – les pouces se joignent.

  - 2e ancrage : *l'alignement* – les index se joignent.

  - 3e ancrage : *la maîtrise* – les index se posent entre les deux yeux.
- **Dessiner votre rêve** : faire appel à votre *inconscient.*
- **Mettre en application** : choisir la personne à laquelle vous ferez votre premier « Oser dire ».
- **Lister vos peurs** : identifier *les peurs qui paralysent* votre communication.
- **Lister vos croyances** : mieux comprendre votre *système relationnel* pour pouvoir le transformer.
- **Les expériences primaires** : trouver de *nouvelles ressources* pour faire face aux situations difficiles.

SAVOIR DIRE

« Oser dire » est souvent indissociable de « Savoir dire ». Si certaines personnes paraissent plus à l'aise pour oser dire, ce n'est pas pour autant qu'elles savent dire. Leurs réactions sont maladroites, agressives, blessantes, et entraînent des conséquences fâcheuses : relations tendues, conflits, culpabilité, remords, isolement...

Après avoir travaillé sur « Oser dire », nous allons donc apprendre à savoir dire ce que nous éprouvons sans couper la relation. Vous allez enfin pouvoir exprimer les choses les plus délicates et les plus douloureuses que vous gardez au fond du cœur sans avoir jamais réussi à les dire.

« Savoir dire », c'est d'abord savoir quoi dire. Nous commencerons donc par construire votre message pour qu'il soit précis, indiscutable, réfléchi. Nous travaillerons ensuite sur l'état d'esprit avec lequel vous le livrerez à votre interlocuteur. Cet état d'esprit est aussi important que le message lui-même : en effet, un « Oser dire » doit être dénué de tout esprit revanchard, agressif ou haineux. C'est seulement ainsi qu'il pourra être constructif et vous aider à fonder une belle relation authentique.

L'élaboration de votre message

La lettre de colère contre l'autre

Pour commencer à élaborer le contenu de votre message, repensez d'abord à la personne à laquelle vous allez faire votre premier « Oser dire », celle que vous avez choisie comme « cas d'école » dans la première partie de ce livre. Je vous propose en effet d'écrire à cette personne une lettre de colère faisant état de tous les comportements blessants qu'elle a eus à votre égard et de tous les reproches que vous avez accumulés contre elle depuis des années.

Précisons tout de suite que cette lettre n'est absolument pas destinée à être envoyée ! Elle est faite uniquement dans le but d'aller chercher des éléments importants pour construire votre message. J'insiste également sur le fait qu'elle n'est en aucun cas votre message définitif, celui que vous utiliserez lorsque vous ferez votre « Oser dire » : elle ne constitue qu'une préparation, la première étape de son élaboration.

Écrivez dans cette lettre toutes les rancœurs et toutes les choses que vous n'êtes jamais parvenu à dire à cette personne. Donnez-vous pour une fois l'autorisation de vous mettre vraiment en colère ! Je sais que c'est très difficile pour certaines personnes et cela se comprend puisqu'elles sont précisément habituées à subir. Mais souvenez-vous que votre système relationnel s'est construit en réaction à des colères que vous n'avez pas su exprimer et sur des blessures auxquelles vous n'avez pas pu réagir.

Dans cette lettre de colère, chaque chose que vous avez à dire commencera par un « je vous en veux... » ou un « je t'en veux... »

Si on considère ce que Danielle vivait depuis sept ans, il semble *a priori* qu'il lui soit facile d'écrire sa lettre de colère à son patron. Celle-ci pourrait par exemple prendre la forme suivante : « Je vous en veux de me crier dessus et de me ridiculiser à chaque fois que je viens vous demander une augmentation. »

Mais, justement, cela ne serait pas une bonne lettre de colère : elle serait trop floue pour avoir la moindre efficacité dans l'élaboration du message final.

Ce que je demande dans l'écriture de cette lettre, ce qui fait sa force et sa nécessité, c'est d'y donner des détails précis concernant des événements précis. Si une femme écrit dans une lettre de colère destinée à son mari : « Je t'en veux parce qu'un jour tu m'as insultée », elle se prépare à un « Oser dire » où son mari pourra lui répondre de bonne foi : « Ah bon, mais quand est-ce que je t'ai insultée ? » Et il est à peu près certain qu'une conversation houleuse s'engagera pour essayer de retrouver une date, une situation, des faits toujours contestés par l'un ou l'autre des conjoints : au bout du compte, l'oser dire n'aura pas vraiment d'impact réel et débouchera sur une dispute stérile, ce qui n'est bien sûr pas du tout l'objectif recherché.

Cette femme devra donc plutôt écrire : « Je t'en veux quand devant tous nos amis le soir de Noël 2007, tu m'as traitée d'idiote ». « Le soir de Noël 2007 », « idiote », c'est autrement plus précis que « un jour tu m'as insultée. »

Pour être efficace, un « Oser dire » doit vraiment passer par l'élaboration d'un message indiscutable et ne pas se contenter de vagues ressentiments jetés à la volée et au mauvais moment. Votre « Oser dire » doit être aussi précis qu'une flèche.

Les « je t'en veux » de la « lettre de colère contre l'autre » sont destinés dans un premier temps à vous aider à faire ressurgir avec exactitude les situations qui vous ont blessé : « Je t'en veux de m'avoir claqué devant tous mes camarades d'école le jour de la rentrée des classes ». Ça, c'est précis.

N'oubliez pas que vous rêvez d'être enfin entendu, que cela fait des années que essayez et que si vous avez ce livre dans les mains, c'est parce que vous en avez assez de ne pas savoir exprimer ce que vous ressentez.

C'est pour toutes ces raisons que votre message doit être clair et fort. La flèche que vous allez construire ira droit au cœur de la cible. Seule une flèche extrêmement effilée parviendra à toucher vraiment cette personne que vous considérez comme un mur. Jusqu'ici, elle n'a jamais semblé entendre ce que vous vouliez lui dire et il est indispensable pour vous qu'elle comprenne enfin ce que vous ressentez.

N'oubliez pas non plus que vous pouvez vous retrouver face à des personnes particulièrement habiles pour éviter d'aborder les sujets qui les dérangent, pour fuir les situations où elles risquent d'entendre des choses désagréables, pour échapper au dialogue. Arriver devant elles avec un message imprécis leur facilite grandement la tâche : moins vos griefs seront clairs, plus il leur sera facile de faire semblant de ne pas les entendre, voire de retourner la situation à leur avantage.

Souvent, ces personnes ont l'habitude de ces situations : c'est leur système de défense, conscient ou non. Pour le patron de Danielle, le fait de se mettre dans des colères violentes lui permet de prendre le pouvoir sur les autres, d'éviter d'avoir à expliquer ses décisions, de cacher ses réelles intentions, de cacher ses faiblesses, etc. En face de ces personnes au système de défense bien rôdé, vous ne ferez pas le poids et vous rentrerez chez vous en disant : « Finalement, je n'ai même pas réussi à lui dire ce que j'avais à dire ».

Voilà encore une raison pour vous pousser à affiner votre message jusqu'à ce qu'il soit le plus incontestable possible. Libéré non seulement de vos peurs mais aussi du flou des mots, il pourra enfin être entendu. Malgré son habileté, votre interlocuteur ne pourra pas trouver d'échappatoire et il sera enfin confronté à des réalités avérées et indéniables.

La lettre de colère de Danielle à son directeur ne doit donc pas exposer quelque chose de vague comme : « « Je vous en veux de me ridiculiser à chaque fois que je viens vous demander une augmentation ». Elle doit plutôt reposer sur des éléments tels que : « Je vous en veux de m'avoir hurlé à la tête et de m'avoir ridiculisée devant tout le monde quand je suis venue il y a trois mois vous parler de mon augmentation ; je vous en veux d'avoir refusé sans aucune raison mes dates de congés pour 2008, je vous en veux de ne m'avoir donné aucune explication quand vous avez proposé au mois de janvier de cette année une promotion à Mme X alors que je suis la plus ancienne dans l'entreprise... »

C'est de ce genre de faits très précis que vous aurez besoin dans la suite de la construction du contenu de votre « Oser dire ».

Avec l'exercice suivant, dont le but est toujours d'élaborer votre message mais aussi d'installer peu à peu l'état d'esprit indispensable à la réussite d'un bon « Oser dire », de nouvelles prises de conscience vont survenir.

La lettre de colère contre soi-même

En effet, je vous propose maintenant de considérer la situation sous un autre angle et d'écrire une lettre de colère contre vous-même.

Partons du principe que si la relation avec cette personne est mauvaise, vous en êtes en partie responsable. Je comprends que cette approche soit difficile à admettre mais je vous invite à être objectif et à aller encore plus loin dans l'acceptation de votre remise en question.

Pourquoi ? Parce que celui qui n'ose pas dire souffre doublement : en ne réagissant pas et en gardant sa colère en lui, il souffre non seulement de ne pas oser s'exprimer mais il s'en veut également de son manque de courage. Ce phénomène peut aller jusqu'à une complète perte d'estime et de confiance en soi. Au fil des années, de nombreuses personnes en arrivent ainsi à se trouver lâches et nulles.

Cela génère une véritable colère contre soi-même : « J'en ai assez de ne pas répliquer, de ne pas oser demander ; j'en ai assez d'être comme Danielle qui n'ose pas répondre à son patron de peur d'être licenciée ; j'en ai assez d'être comme Didier et d'être incapable de réclamer ce qui m'est dû ; j'en ai assez d'être comme Nathalie et d'accepter tous les comportements de mon mari... »

Cette colère contre vous-même doit sortir. C'est l'une des bonnes colères dont nous parlions tout à l'heure. Vous ne devez plus la garder en vous. Elle est indispensable pour arriver à dire « Stop ! Plus jamais ça ! » Elle vous aidera à parvenir à cette prise de conscience et à cette parole libérée qui constitue le point de départ d'une nouvelle façon de vivre.

Pour écrire cette lettre, la première formule qui vient à l'esprit est « je m'en veux... ». Mais afin que cette lettre de colère prenne toute sa dimension, l'expérience m'a montré qu'il était important de l'écrire en utilisant plutôt des « je t'en veux... », comme si vous vous regardiez dans un miroir et que vous vous adressiez à celui ou celle que vous voyez. Cette méthode permet d'aller plus loin dans l'extraction de sa colère et cela crée également une dissociation qui évite de trop se charger émotionnellement en culpabilité : « Je t'en veux d'avoir été aussi stupide et aussi lâche depuis tant d'années ; je t'en veux de ne pas oser t'exprimer ; je t'en veux de t'empêcher toi-même de vivre pleinement... »

Comme pour la lettre précédente, vous allez vous rendre compte que l'écriture de cette lettre de colère contre vous-même modifie beaucoup de choses. Vous commencez à vous libérer d'un certain nombre de poids qui vous freinent ou vous entravent, des poids que vous portez parfois sans même le savoir ou sans parvenir à vous l'avouer.

Par un changement radical de point de vue, la troisième lettre va constituer maintenant un nouveau mouvement essentiel vers un bel « Oser dire ».

La lettre de gratitude

Le bon état psychologique et physique d'un « Oser dire » n'est en aucun cas celui d'un règlement de compte. Pour échapper à la tentation d'agressivité que peuvent avoir installé en vous des années de frustration, je vous propose maintenant d'envisager d'une toute autre façon la personne à laquelle vous destinez votre « Oser dire » et de répondre à une question qui peut paraître étrange et inattendue : « Qu'est-ce que j'apprends de positif grâce à cette personne ? »

Dans mon métier et dans ma vie, l'expérience renforce chaque jour ma certitude qu'on peut et qu'on doit apprendre de tout événement, aussi dur soit-il à vivre sur le moment. C'est pourquoi vos conflits relationnels quels qu'ils soient sont autant de chances d'évoluer et de grandir humainement à condition que vous n'hésitiez pas à vous demander ce que vous pouvez apprendre de la situation à laquelle vous êtes confronté.

Il en est ainsi dans le « Oser dire ». La personne que vous avez choisie comme « cas d'école », celle que vous considérez comme un mur, celle avec qui vous n'arrivez pas à communiquer, considérons donc qu'elle n'est pas sur votre chemin par hasard. Il n'y a pas de hasard.

Remarquons déjà que c'est cette personne qui vous amène à vous intéresser en profondeur à votre communication et à vouloir résoudre ce problème du « Oser dire et savoir le dire » qui perturbe votre vie bien au-delà de la relation que vous entretenez avec elle. Finalement, c'est peut-être elle qui vous pousse à aller plus loin dans la compréhension de vous-même et dans l'apprentissage de nouvelles facultés qui vous conduiront vers davantage de sérénité et d'autonomie.

C'est pourquoi il est important de vous poser cette question en toute franchise : « Qu'est-ce que j'apprends de nouveau et de positif grâce à cette personne ? Quelles sont les qualités que je suis en train de découvrir et d'intégrer grâce à ses comportements ? » Les réponses peuvent être par exemple : « Grâce à cette personne, j'apprends à grandir, à oser ; elle m'apprend à mieux me connaître, à me dépasser, à prendre ma place... »

Ainsi, plutôt que de voir l'autre comme négatif et source de douleurs sur votre parcours de vie, vous allez le considérer comme une source d'apprentissage. La personne ne le sait pas et ne le saura peut-être jamais, mais grâce à sa façon d'être et d'agir, elle est en train de vous apprendre quelque chose d'essentiel et de magnifique : elle vous apprend à vous trouver !

À la question : « Qu'est-ce que j'apprends grâce à mon directeur ? », Danielle pourra ainsi répondre : « Il m'apprend à aller plus loin dans la découverte de moi, il m'apprend à m'affirmer. Grâce à sa façon de me crier dessus, il m'apprend à faire face à la violence. »

Voilà un nouveau point très important : Danielle s'est rendu compte qu'il n'y a pas qu'avec son directeur qu'elle réagit en fuyant et en n'osant pas s'exprimer. Dans toutes les situations où quelqu'un hausse le ton, elle adopte le même comportement : cela peut se produire aussi bien en famille qu'avec des amis ou dans sa relation amoureuse... Et c'est bien grâce à ce patron, pour arriver à faire face à ses colères, qu'elle veut apprendre à dire les choses et à trouver sa manière de réagir à toute violence dirigée contre elle.

Cette réflexion représente souvent un moment difficile car chercher du positif dans une relation qui nous fait souffrir n'est pas dans nos habitudes. Si nous avions pourtant ce réflexe vis-à-vis de tous les problèmes que nous rencontrons, nous serions sans doute plus sereins et plus épanouis. Remarquons aussi que la démarche proposée ici est différente de la tendance qui consiste à « positiver » à tout prix sans chercher d'explication : cette attitude-là amène finalement les gens à laisser faire en disant « ce n'est pas grave » mais sans tirer de la situation un réel apprentissage.

La réflexion que je propose permet au contraire de comprendre pourquoi cette expérience est intervenue dans notre vie et d'en saisir le sens profond.

En travaillant sur la question « Qu'est-ce que j'apprends grâce à cette personne ? », c'est votre regard sur elle qui est en train de changer. Vous êtes désormais capable de la voir aussi comme quelqu'un qui vous permet de grandir. Votre positionnement vis-à-vis d'elle devient différent. Votre façon de l'appréhender, de la sentir, tout est en train de se modifier.

Vous avez besoin de cette nouvelle représentation de l'autre pour que votre « Oser dire » soit dépourvu d'esprit revanchard ou agressif, tant au niveau psychologique que physique (regard, voix, façon de parler...). Un « Oser dire », ce n'est pas « Je vide mon sac », ce n'est pas « Je vais tout lui cracher à la figure ». C'est un moment beaucoup plus subtil. Bien sûr, ça concerne l'autre, mais ça vous concerne encore plus. Ce qui va être dit, c'est tout ce que vous avez emmagasiné depuis des années. Vous venez pour exprimer enfin ce que vous n'avez jamais pu exprimer. Vous ne venez pas faire votre « Oser dire » pour blesser l'autre et c'est précisément afin d'éviter cette tentation que je vous invite à lister ce que vous apprenez grâce à lui.

Le bon état d'esprit pour réussir son « Oser dire »

L'écriture de la lettre de colère contre l'autre, de la lettre de colère contre vous-même et de la lettre de gratitude vous permettent d'acquérir un nouveau regard sur la situation qui vous fait mal. Elles vous offrent aussi un nouvel angle de vue sur vous-même, sur les relations humaines et sur votre relation au monde.

Concernant la relation qui sert de support à votre travail d'oser dire, vous prenez conscience qu'effectivement vous en voulez à la personne mais que vous avez aussi votre part de responsabilité dans l'état de cette relation. Or la réussite de notre vie tient en grande partie à la faculté de savoir nous remettre en question.

Quelle que soit la situation dans laquelle je me trouve aujourd'hui, elle est le résultat de tous mes choix antérieurs. Si votre relation avec cette personne est difficile, voire douloureuse, ce n'est donc pas uniquement de la faute de l'autre.

Bien sûr, l'objectif n'est pas de vous faire culpabiliser mais de vous aider à mieux comprendre vos comportements et à vous libérer de votre système réactif. Pour aller faire votre « Oser dire » dans l'état d'esprit qui assurera sa réussite, il est nécessaire d'effectuer au préalable ce travail de déminage et de recadrage de la situation problématique.

Il s'agit en quelque sorte d'effectuer un tri parmi les nombreux griefs que vous avez contre cette personne. Les trois approches successives que constituent les trois lettres ont la fonction d'un tamis. Vous faites passer au tamis toutes les choses que vous reprochez à cette personne ainsi que celles que vous vous reprochez à vous-même. Au bout du processus, il ne restera que celles qui sont vraiment très importantes. Celles où vous aviez une part de responsabilité seront passées au travers du tamis. Pour l'élaboration du contenu de votre « Oser dire », seul l'essentiel est conservé.

Le chemin parcouru est déjà immense et beau. Au début, notre ressenti n'était que violence, colère, peine, tristesse et haine. Parvenu à ce stade du travail, l'agressivité et l'envie d'un règlement de compte s'atténuent jusqu'à disparaître.

Vous pouvez vous dire par exemple : « Moi aussi j'ai ma part de responsabilité, j'ai été un peu idiot : j'ai laissé faire les choses alors que j'aurais dû en parler bien avant ». Danielle peut se dire : « J'aurais dû oser aller voir le directeur dès le jour où ma collègue a eu la promotion qui me revenait. Je n'ai rien dit sur le moment et, du coup, j'en parle encore aujourd'hui. Je m'en veux d'avoir laissé faire les choses, de ne pas avoir eu le courage. Même si mon patron a ses responsabilités, c'est aussi à cause de moi que cette mauvaise relation s'est installée. »

Le préparation et la mise en pratique de « l'Oser dire » permettent de mieux saisir l'aspect profond des relations humaines quel que soit leur cadre : professionnel, amical, amoureux... Elles nous obligent à redécouvrir une évidence qui parfois nous échappe : dans une relation, nous sommes deux ! Autrement dit, elles amènent à bien cerner que, quand une relation n'est pas bonne pour soi, elle n'est pas non plus bonne pour l'autre. C'est pour ça, comme nous l'avons dit, qu'il est sain de la « casser ».

La lettre de colère contre l'autre, la lettre de colère contre vous-même et la lettre de gratitude vous permettent de le faire de la bonne manière, c'est-à-dire en préservant la possibilité de construire une nouvelle relation authentique et enrichissante pour les deux personnes.

Grâce aux différentes approches que je vous propose, l'agressivité initiale de votre message – cette violence propulsée par la douleur – a disparu. Votre message contient toujours tout ce que vous avez à dire et qu'il est vital que vous parveniez à exprimer. Il est nourri de toutes ces souffrances dont vous devez vous libérer en les exprimant aux personnes qui vous ont blessé ou qui ont pris le pouvoir sur vous, aux personnes qui vous ont manqué de respect ou qui vous ont traité d'une manière insupportable. Mais pour que cette souffrance soit reçue et entendue, il ne faut pas qu'elle arrive violemment. En déminant peu à peu votre message, vous pourrez arriver en face de la personne dans un bon état d'esprit en vous sentant posé et solide parce que vous avez fait la part des choses.

C'est pour cela que vous serez entendu. Dans un « Oser dire » réussi, ce qu'on a à dire est tellement précis et pesé, tellement sensé, tellement fort, ça vient de tellement loin, que c'est un moment beau et intense, même si ça reste toujours un moment éprouvant émotionnellement.

Dans les jeux de rôle dont nous verrons quelques exemples à la fin de ce livre, j'interprète la personne à qui mes stagiaires auront à faire leur « Oser dire » et je vois régulièrement des personnes pleurer en accomplissant cet exercice. Ce n'est pas grave. Elles éclatent en sanglots mais elles restent solides dans l'axe qu'elles ont défini. Elles ne sont pas déstabilisées par leurs larmes ou leur état émotionnel. Plus rien ne les arrête car ce qu'elles ont à dire vient du plus profond d'elles-mêmes. Il y a tellement longtemps qu'elles souffrent en silence, c'est l'heure de la libération.

Leur « Oser dire » n'aurait aucun effet si elles venaient le faire en se disant : « Je vais oser tout lui cracher à la figure ! Je vais lui faire mal ! ». Si leur « Oser dire » fonctionne, c'est précisément parce que ces personnes ne basculent pas dans l'agressivité malgré toute la peine et la douleur accumulées.

Grâce au travail effectué, elles ont pris conscience qu'un « Oser dire » de grande qualité, précis et sans violence, est non seulement efficace mais également porteur d'une autre façon de communiquer et de vivre qui conduit vers davantage de sérénité.

La construction précise du message

1re étape : du « je t'en veux » au ressenti

L'état d'esprit général d'un « Oser dire » étant maintenant bien défini, nous allons commencer à élaborer son contenu précis.

Pour cela, vous allez reprendre votre « lettre de colère contre l'autre » et considérer d'une nouvelle manière chacun des « je vous en veux » ou des « je t'en veux » que vous avez listés. La question à vous poser est : qu'est-ce que chacun de ces éléments vient toucher en moi ?

Prenons par exemple la lettre de colère qu'un homme adresse à son père et où il a écrit entre autres : « Je t'en veux de m'avoir donné une gifle devant tous mes camarades le soir de la remise des prix quand j'avais dix ans ». Si cet homme dit simplement cela à son père, il y a de fortes chances pour que celui-ci réponde : « Écoute, c'est vieux tout ça, ce n'est pas grave. Tu ne vas pas revenir sur des histoires aussi anciennes ». Or, ce soir-là, aussi ancien soit-il, quelque chose de profond avait été touché chez cet enfant. Quelque chose avait été meurtri, froissé, et devenu adulte, l'homme en subissait encore les conséquences.

C'est cela qu'il s'agit d'identifier pour ensuite l'exprimer, c'est cela qu'on appelle un ressenti.

Dans notre exemple, l'homme doit chercher au fond de lui le ressenti éprouvé dans la situation qu'il décrit : qu'a-t-il ressenti quand il a pris cette claque devant tous ses camarades ?

Pour beaucoup de personnes, cet exercice est difficile, et pour deux raisons. La première parce ce qu'il oblige à revivre l'expérience et à se reconnecter à la souffrance vécue à l'époque ; la seconde parce qu'il demande d'aller chercher au plus profond ce qu'on a ressenti, c'est-à-dire d'être enfin à l'écoute de soi-même.

Nos ressentis sont en lien avec certaines de nos valeurs profondes comme l'amour, la justice, le respect, l'honnêteté, la loyauté, la reconnaissance... Souvent, certaines de ces valeurs piétinées seront présentes dans le message que vous exprimerez lors de votre « Oser dire ».

L'homme dont nous parlons pourra par exemple dire à son père : « Ce soir-là, je ne me suis pas senti aimé, j'ai ressenti un sentiment d'injustice », ou bien « Je me suis senti rejeté », ou encore « Je me suis senti humilié ».

La plupart des personnes ont du mal à identifier ce qu'elles ressentent vraiment quand elles souffrent. Rien n'est plus normal car beaucoup d'entre nous ne savent pas être dans l'amour et l'écoute d'eux-mêmes. Si vous avez ce livre dans vos mains, c'est peut-être que vous aussi, vous avez oublié de vous aimer et de vous écouter.

Aussi, pour vous aider à identifier vos ressentis dans les situations douloureuses, je vous donne une liste des plus courants :

Quand tu me dis cela, **je me sens** (ou **j'ai le sentiment d'être**) rejeté, exclu, inexistant, ignoré, trahi, agacé, abusé, méprisé, minimisé, humilié, abandonné, triste, non respecté, trompé, seul, impuissant, soumis, traité comme un enfant, immature, sous influence, sous ton emprise, dominé, soupçonné, cassé, manipulé, renié, nié dans mon existence, diminué, incapable, prisonnier, rabaissé, dévalorisé, frustré, dépendant, affaibli, comme un étranger, offensé, incriminé, jugé, accusé, transparent, comme si je n'existais pas, incompétent, dans l'injustice, traité comme une charge, triste, en colère, envahi, peiné, bafoué, mis à l'écart, mis en minorité, exploité, pillé...

Les ressentis peuvent aussi prendre la forme d'un **je ne me sens pas** reconnu, pas pris en compte, pas important, pas considéré, pas soutenu, pas remercié, pas aimé, pas considéré comme un adulte, pas digne de confiance, pas écouté, pas estimé, pas libre, pas intégré, pas respecté, pas épaulé...

Ils peuvent encore se formuler avec une expression telle que **je ressens** de l'injustice, de la tristesse, de la honte...

« Oser dire » est une magnifique histoire d'amour entre vous et vous parce que vous allez enfin vous intéresser à vous-même. Tout le travail auquel je vous invite a finalement pour but de développer l'écoute de ce qui se passe au plus profond de vous, là où vous seul avez accès. Pour trouver et écrire ce que vous ressentez dans les situations difficiles, il vous faut maintenant plonger en vous.

Quand Danielle se retrouve en face de son patron qui lui crie : « Encore vous et votre augmentation, j'en ai assez maintenant ! », que ressent-elle ? En acceptant de s'écouter avec attention, elle s'apercevra sans doute qu'elle ne se sent pas considérée, qu'elle se sent dévalorisée et humiliée... Ce sont tous ces éléments, tous ces ressentis qu'elle doit identifier pour avoir une chance d'être enfin entendue.

Pour sa part, Didier pourra écrire à propos de la relation avec son associé : « Dans notre collaboration, je ressens un sentiment d'injustice. Je ne me sens pas respecté, je me sens abusé, je me sens utilisé. »

Le ressenti : un langage universel

Quand Nathalie essaie d'expliquer à son mari qu'il pourrait ranger ses affaires, qu'elle aussi a son travail et qu'en plus elle élève les enfants, il ne l'entend pas. Par contre, si dans la construction de son message, elle commence à lui parler différemment en disant par exemple : « Quand tu jettes tes chaussures n'importe où, je ne me sens pas respectée ; quand tu allumes la télé avant même de me dire bonjour, je ne me sens pas aimée... », elle utilise un langage que son mari va comprendre. Pourquoi ?

Parce qu'exprimer ses ressentis, c'est parler un langage universel : tout le monde peut le comprendre quel que soit son niveau, sa culture, son rang social. C'est le langage qui va droit au cœur. En parlant de ressentis avec simplicité et sincérité, vous entrez dans une relation différente avec l'autre : il peut alors mieux comprendre ce qui se passe parce que lui aussi, au moins une fois dans sa vie, a ressenti la même chose que vous et qu'il sait ce qu'on éprouve dans ces moments-là. Ainsi, quelles qu'en soient les raisons, il existe au moins une fois dans la vie du mari de Nathalie où il ne s'est pas senti aimé ou respecté...

De plus, quand Nathalie est parvenue à lui exprimer ses ressentis, elle a trouvé sans difficulté la bonne intonation qui va avec ces mots. Il lui a suffi pour cela de se reconnecter avec la douleur qu'elle éprouve dans les situations où elle ne se sent pas aimée. Les émotions qui vont avec la douleur doivent être présentes dans votre façon d'exprimer votre ressenti. Nous ne sommes pas au théâtre : vous jouez votre propre rôle et vous n'aurez pas beaucoup à vous forcer si vous revivez votre souffrance.

C'est grâce au langage employé et au ton utilisé par Nathalie pour s'exprimer que son mari a commencé à entendre le véritable message qu'elle voulait lui transmettre. Il a compris enfin qu'il la faisait souffrir alors qu'il n'en avait absolument pas conscience. Il a pu prendre la réelle dimension des conséquences de ses actes apparemment bénins.

Tellement de divorces sont causés par l'accumulation de ces douleurs et de ces ressentis non exprimés. Quand on dit « on ne s'entend pas », c'est vraiment cela : « on ne s'entend pas ».

2e étape : la phrase type

Maintenant que vous avez clairement identifié et nommé vos ressentis, il s'agit de les organiser le mieux possible. Pour cela, nous allons passer dans un mode de communication centré sur le « je » au détriment du « tu ».

Pour bien intégrer cette méthode, il est important de toujours vous souvenir que vous ne pouvez parler que de vous, que de ce que vous ressentez. À chaque fois que vous dites « TU », vous tombez dans le jugement et l'interprétation. Exemple : si Nathalie dit à son mari « Quand TU jettes tes chaussures dans l'entrée, TU ne me respectes pas », le « TU » a dans ce cas une valeur de jugement, et la plupart de nos jugements sont erronés. Contentez-vous d'exprimer ce que vous ressentez. Rien ne permet à Nathalie de dire que son mari ne la respecte pas : c'est seulement ce qu'elle ressent.

Bien que beaucoup d'entre nous aient entendu parler de la notion du « Tu qui tue », peu arrivent à la mettre en pratique. Emportés par nos émotions, nous devenons bêtes et, quel que soit le nombre d'années de développement personnel que nous ayons accomplies, nous oublions vite les belles théories pour retomber aussitôt dans le « TU » accusateur.

Si cette femme dit à son mari « TU ne me respectes pas », il va entrer en opposition avec elle en répondant « Mais si, je te respecte » et elle répondra « Non, TU ne me respectes pas ». On peut imaginer sans mal la suite stérile de ce genre de communication.

Pour organiser vos ressentis et construire votre message afin qu'il soit le plus efficace possible, je vais vous proposer une phrase type très précise que je vous demande de mémoriser et d'utiliser sous la forme indiquée. Bien que je sois généralement opposé aux règles rigides et aux enseignements dogmatiques, j'insiste sur ce point. Chacun a bien entendu le choix de faire comme il veut mais dans cette phase du livre qui concerne la construction précise d'un bon « Oser dire », nous entrons dans une zone où je vous conseille du fond du cœur de suivre la formule au mot près, telle une recette. Je n'ai pas la prétention de penser qu'il n'existe qu'une seule recette pour parvenir à « oser dire » et à « savoir dire ». Tout ce que je peux affirmer, c'est que la méthodologie que j'expose ici fonctionne. Telle qu'elle est construite à partir de cet instant, elle aboutit à d'excellents résultats. Par contre, à chaque fois qu'on sort de cette recette précise, le résultat est compromis. En suivant précisément la méthodologie et la stratégie qui vont suivre, vous serez vraiment en mesure d'atteindre votre rêve d'une communication sereine et maîtrisée tel que vous l'avez dessiné au début de ce livre.

Nous allons prendre comme exemple le ressenti « ne pas être aimé ». La phrase type que je vous invite à mémoriser très méthodiquement consiste à faire d'abord le constat de ce ressenti : « Quand tu fais ça, JE ne me sens pas aimé... », puis à poursuivre immédiatement pour insister sur le fait que ce n'est pas une accusation : « ... JE ne dis pas que tu ne m'aimes pas, JE dis simplement que JE ne me sens pas aimé. »

Nathalie pourrait ainsi dire à son mari : « Quand tu jettes tes chaussures dans l'entrée, JE ne me sens pas respectée. JE ne dis pas que tu me respectes pas, JE dis simplement que JE ne me sens pas respectée. »

Didier pourrait dire à son associé : « Quand tu ne veux pas entendre parler de l'argent que tu me dois, JE me sens abusé. JE ne dis pas que tu veux m'abuser, JE dis simplement que JE me sens abusé. »

Il est très important de bien entendre la construction de la phrase et de bien la mémoriser. Telle une musique, elle doit résonner dans votre esprit et dans votre nouvelle façon de communiquer. Vous devez en percevoir le mouvement, semblable à celui d'une vague ou d'une ondulation douce dénuée d'agressivité. C'est ce mouvement que nous retrouvons chez Danielle par exemple : « Quand vous me parlez violemment, JE me sens humiliée. JE ne dis pas que vous voulez m'humilier. JE me contente de dire que JE me sens humiliée ».

Voilà la phrase type. N'oublions pas cependant la précision demandée lors de l'écriture de la lettre de colère : il ne n'agissait pas de lister des « je t'en veux » facilement contestables mais des éléments bien précis. Ce sont ces éléments qui doivent prendre leur place dans la phrase type dont vous allez vous imprégner.

Aussi, « l'Oser dire » de Danielle s'articulera autour de faits tels que : « Il y a quinze jours, le vendredi 30 en fin d'après-midi, quand je suis venue vous voir dans votre bureau et que vous m'avez carrément mise dehors, je me suis sentie humiliée, rabaissée. Je ne dis pas que... Je dis simplement que... »

Les éléments qui constituent la première partie du message – c'est-à-dire le « quand » – doivent être indiscutables par la personne qui va les entendre : « Oui, elle est bien venue dans mon bureau il y a quinze jours, le vendredi 30 en fin d'après-midi, et c'est vrai que je l'ai mise dehors sans ménagement. »

Pour que votre « Oser dire » soit entendu, la précision doit impérativement demeurer : « Quand tu m'as traitée d'idiote le soir de Noël 2007 devant nos amis, je me suis sentie ridiculisée devant tout le monde. Je ne dis pas que tu as voulu me ridiculiser, je dis simplement que je me suis sentie ridiculisée. »

Dans un « Oser dire », on ne part pas de généralités. Prenons l'exemple d'une personne qui tente de construire un « Oser dire » à sa responsable en partant du seul fait : « Elle me pourrit la vie ». Si elle ne sort pas de cette sensation trop vague, cette personne n'a aucune chance d'être entendue. Il faut qu'elle prenne le temps de s'interroger avec attention : « Comment ma responsable s'y prend-elle pour me pourrir la vie ? Qu'est-ce qu'elle fait concrètement ? ». C'est en listant tous ces comportements que son message gagnera en précision. Les conflits partent souvent de l'accumulation de petits détails où nous ressentons des choses négatives mais où nous ne les exprimons pas. Ce sont alors tous ces détails qu'il faut retrouver.

3e étape : formuler l'intention profonde de votre démarche

Votre message final va donc se présenter comme une liste formée d'un certain nombre de phrases types, chacune correspondant à l'un de vos ressentis. Il vous faut également formuler l'objectif profond de votre démarche. C'est cette intention qui vous servira à introduire votre « Oser dire ».

Une fois encore, vous ne venez pas régler des comptes, chercher une querelle ou faire des reproches. C'est beaucoup plus important que ça. Certes, vous ne devez rien attendre de votre démarche mais si nous avons dit que le but est de « casser » la relation, c'est afin de pouvoir peut-être en construire une meilleure. Votre intention est donc noble et c'est la première chose que la personne devra entendre lorsque vous commencerez votre « Oser dire ». Le sens profond de votre démarche sera par exemple de créer une meilleure ambiance de travail, de développer une meilleure harmonie familiale, de fonder une amitié sur des valeurs communes...

Danielle pourra ainsi annoncer à son directeur que son intention est de construire une relation professionnelle agréable et efficace.

Nathalie déclarera à son mari : « Mon intention est que nous formions un couple heureux et que notre foyer soit un havre de paix ».

Avec cette introduction qui vous permettra d'échapper à toute agressivité dès les premiers mots de votre « Oser dire », votre message est prêt à être reçu.

Montrer ses faiblesses ?

Bien sûr, votre interlocuteur va être surpris de vous entendre parler de cette manière : il n'a absolument pas l'habitude que vous vous exprimiez ainsi, que vous montriez à ce point-là votre authenticité. Il ne connaît pas la vraie personne qui est en vous, celle qui souffre et qui dit qu'elle souffre.

Il est possible qu'à ce point de votre lecture vous soyez confronté à une interrogation, à un doute : « Si je parle comme ça, si je dis ce que je ressens profondément, ça me fragilise : l'autre va voir mes faiblesses et il va en profiter. »

Est-ce une faiblesse d'exprimer ce qu'on ressent ? Non. C'est précisément en reconnaissant ces soi-disant faiblesses que l'on grandit, que l'on devient plus fort. Exprimer ce que vous ressentez, c'est simplement exister pleinement et accepter de dire ce que vous taisez depuis si longtemps.

Dans le « Oser dire », vous acceptez enfin de dire à l'autre que vous êtes blessé : « Quand tu agis comme ça, je me sens blessé ; quand tu me parles comme ça, je me sens humilié ». Vous acceptez de vous montrer tel que vous êtes réellement. Le plus beau chez un être humain, c'est quand il est complètement lui-même, débarrassé de ses peurs et de ses masques, naturel et vrai. L'autre ne peut qu'être surpris de vous voir ainsi dévoiler votre mode de fonctionnement. Vous lui montrez tout à coup toute la richesse de votre sensibilité.

Avec votre « Oser dire », vous êtes en train de donner à l'autre la clé du magnifique coffre-fort que vous êtes. Pendant des années, vous avez tellement bien caché les choses en n'osant pas les dire que vous avez empêché l'autre de vous connaître en profondeur. Vous avez peut-être cru qu'il pouvait deviner votre manière de fonctionner et de ressentir les choses ; vous avez cru par exemple que s'il vous aimait, il devinerait vos tourments, vos désirs. Vous vous êtes si bien protégé dans ce système qui évite de s'exprimer clairement que les autres n'avaient plus aucun accès à ce que vous viviez réellement : vous êtes ainsi devenu un « handicapé » de la communication.

En acceptant de montrer ce que vous ressentez, en acceptant d'exister tel que vous êtes vraiment, il est inévitable que vous allez surprendre mais vous répondrez souvent aussi à une attente.

Dans aucune relation, y compris dans la relation amoureuse, l'autre ne peut nous deviner à chaque instant. C'est pourtant ce que pensait une femme qui souffrait énormément dans son couple de la sensation de ne pas être aimée. Son mari était garagiste et, en plus de la vie familiale, elle s'occupait du secrétariat et de la comptabilité du garage. Souvent, elle demandait à son mari : « Est-ce que tu m'aimes vraiment ? » Occupé à son travail, il lui répondait avec une intonation montrant bien que cette question l'ennuyait : « Mais oui je t'aime ». Ces « mais oui je t'aime » récurrents étaient devenus pour elle autant de raisons de ne pas se sentir aimée.

Se sentant fatiguée physiquement et psychologiquement par cette situation, cette femme a pris la résolution d'oser parler de sa souffrance à son mari. Elle a d'abord fait sa lettre de colère et en a extrait les « Je t'en veux » pour identifier ses ressentis. Elle a réussi ensuite à faire une liste de tous ses désirs, de tout ce qu'elle aimerait que son mari fasse pour qu'elle se sente vraiment aimée. C'étaient de petites choses, des choses *a priori* banales et qu'une autre personne pourrait considérer comme sans importance : « J'aimerais que mon mari m'offre un petit bouquet de fleurs pour notre anniversaire de mariage, j'aimerais qu'il me souhaite mon anniversaire, j'aimerais qu'il m'emmène de temps en temps au restaurant, j'aimerais qu'il me prenne dans ses bras... »

En suivant les règles que nous allons voir au chapitre suivant, elle a alors demandé un rendez-vous à son mari. Grâce à la méthodologie que nous découvrirons, il l'a écoutée sans l'interrompre. Ainsi, elle a pu aller pour la première fois jusqu'au bout de sa demande.

Quand elle a terminé, il y a eu un blanc. Son mari est resté silencieux, des larmes coulaient sur son visage et les seuls mots qu'il a réussi à sortir étaient : « Mais pourquoi tu ne me l'as pas dit plus tôt ? Pourquoi tu ne me l'as pas dit plus tôt ? »

Il était loin d'imaginer que sa femme souffrait à ce point-là. Il a pleuré, il a pris conscience de ses comportements et de la gravité de la situation du couple. Il a redécouvert sa femme et leur vie a changé du tout au tout : c'est cela la magie du « Oser dire ».

Bien entendu, cette femme avait aussi sa part de responsabilité dans cette situation. Depuis des années, elle souffrait en silence sans jamais vraiment oser demander l'essentiel et sa seule question était « Est-ce que tu m'aimes vraiment ? ». Au fond d'elle-même, elle était persuadée que si son mari l'aimait, il finirait pas deviner sa douleur.

De nombreuses personnes pensent souvent : « Si il m'aime, il devrait deviner ». Et bien non, ça ne se passe pas comme cela. Rappelons-nous ce magnifique proverbe : « J'ai rien demandé, j'ai rien eu ! »

Alors, est-ce une faiblesse d'oser dire à l'autre ce que nous ressentons ? Bien sûr que non, c'est même un devoir ! Je souhaite de tout cœur que ce livre vous permette d'installer un système d'alarme à l'intérieur de vous. Il se mettra en route à chaque fois que vous vous sentirez mal dans une interaction. La douleur éprouvée vous rappellera que vous ne devez pas garder vos ressentis en vous, votre alarme vous enverra le message : « Allez, va lui dire ! » Comme cette femme, il s'agira alors d'exprimer ce que vous éprouvez avec la plus grande sincérité et la plus grande simplicité, de le dire sans agressivité en s'appuyant sur le mouvement tranquille et non violent de la phrase type que je vous ai proposée et qui remet le « JE » au centre du discours, évitant ainsi que l'autre se sente accusé : « Quand tu fais ça, JE ne me sens pas aimé. JE ne dis pas que tu ne m'aimes pas, JE dis simplement que JE ne me sens pas aimé. »

SAVOIR DIRE

Fiche récapitulative

- **Élaborer votre message**

  - Écrire une « *lettre de colère contre l'autre* » : que reprochez-vous précisément à l'autre dans cette relation ? « Je vous en veux... ».

  - Écrire une « *lettre de colère contre soi-même* » : que reprochez-vous à vous-même ?

  - Écrire une « *lettre de gratitude* » : qu'apprenez-vous de positif grâce à cette personne ?

- **L'état d'esprit d'un « Oser dire »** : afin de *supprimer toute agressivité* de votre message, considérer *votre part de responsabilité* dans l'état de la relation.

- **Construire votre message définitif** :

  - Passer du « je t'en veux » au *ressenti* : quelles sont les valeurs touchées en vous par chaque élément de « la lettre de colère contre l'autre » ?

  - Utiliser la *phrase type* : « Quand tu agis comme cela, je ne me sens pas aimé. Je ne dis pas que tu ne m'aimes pas. Je dis simplement que je ne me sens pas aimé ».

  - Formuler *l'objectif profond* de votre « Oser dire ».

DIRE : LE PASSAGE À L'ACTION

En possession de toutes les techniques et de tous les outils qui permettent d'oser dire, d'avoir le bon état d'esprit pour le faire et d'être en mesure de délivrer un message précis, il vous faut maintenant passer à l'action et réaliser votre « Oser dire ». Pour le faire dans les meilleures conditions et afin qu'il soit parfaitement entendu, certaines règles s'imposent.

Avant le rendez-vous

La 1re règle : prendre un rendez-vous

Faire son « Oser dire » doit être l'objet d'un rendez-vous particulier et nous allons voir les règles nécessaires et importantes à respecter pour être sûr d'obtenir ce rendez-vous.

Vous pouvez croire qu'un tel rendez-vous est inutile et penser : « Maintenant que j'ai tous ces outils et que j'ai élaboré un message précis, il me suffit d'aller trouver la personne concernée et de lui dire ce que j'ai préparé avec tant de soin. » Non. Souvenez-vous : ce que vous avez à dire vient de très loin, ce sont des choses que vous avez gardées depuis des mois ou des années, des choses graves qui ont eu beaucoup d'incidences négatives sur votre vie. Si vous les exprimez dans une rencontre banale ou rapidement entre deux portes, vous prendrez le risque de ne pas être entendu une fois de plus.

Comme dans l'élaboration finale de votre message, les mots employés lors de votre prise de rendez-vous doivent être précis : « J'ai quelque chose d'important à vous dire. Pouvez-vous m'accorder un rendez-vous d'une dizaine de minutes ? » Généralement, dix minutes suffisent. Ne prenez pas trop de temps, vous comprendrez pourquoi un peu plus loin.

Lorsque vous demandez cet entretien, ayez le ton et l'attitude graves, en cohérence avec la nature de vos ressentis. Il ne s'agit pas d'en rajouter : ce que vous allez faire est une chose très importante pour vous et votre comportement physique doit simplement avoir la gravité naturelle qui en découle.

Face à cette gravité, le réflexe de votre interlocuteur sera souvent de dire : « Et bien allez-y, que se passe-t-il ? Dites-moi donc tout de suite ce que vous avez à me dire. » N'en faites rien ! C'est une règle capitale dans la prise de rendez-vous et la réussite de votre « Oser dire » en dépend très largement : ne dévoilez surtout pas le contenu de votre message !

Il vous faudra tenir, résister. Vous avez en face de vous quelqu'un qui a une emprise sur vous. De plus, de nombreuses personnes redoutent et fuient l'entretien en tête-à-tête. Quand cette personne vous dira : « N'attendez pas. Si c'est si important que ça, je vous écoute », vous serez tenté : « Qu'est-ce que je fais ? Je lui dis ? Allez, oui, je lui dis tout de suite. » Non ! Ne le faites pas ! Ce n'est pas bon ! Si vous le faisiez, l'entretien n'aurait pas le caractère important et grave que vous voulez lui donner. Ayez toujours conscience que ce que vous avez à dire est difficile à exprimer et que cela vous demandera une préparation psychologique que vous n'avez pas, là, à brûle-pourpoint. Si vous faites votre « Oser dire » en étant mal préparé, vous risquez de retomber dans vos anciens schémas de peur, d'intimidation ou de colère, et votre démarche n'aura aucun impact. Rappelez-vous votre fragilité émotionnelle.

Tenez bon et accrochez-vous à votre objectif qui est dans un premier temps d'obtenir un rendez-vous de dix minutes dans un lieu calme où vous ne serez pas dérangé et où votre interlocuteur sera vraiment disponible pour entendre votre « Oser dire », un rendez-vous où vous serez face à face, les yeux dans les yeux.

Il vous faut donc résister, trouver une excuse, prétexter une impossibilité majeure pour ne pas pouvoir dire ce que vous avez à dire lors de ce moment qui doit rester consacré à la prise de ce rendez-vous.

En respectant cette condition de ne rien dévoiler, vous atteindrez l'autre objectif de cette prise de rendez-vous : créer un climat d'impatience, de suspens, voire d'inquiétude, autour de votre démarche. Une fois ce rendez-vous pris, la personne se demandera sans doute quelle est la chose si importante que vous avez à lui dire.

Nous savons tous ce que c'est d'attendre un rendez-vous dont nous ne connaissons pas le contenu : cette attente modifie notre journée, nous y pensons à divers moments, nous nous demandons ce qui se passe, nous pouvons même nous sentir un peu soucieux, en regardant notre montre, nous nous disons « Encore trois heures avant ce rendez-vous »...

C'est précisément un climat analogue que nous cherchons à installer. Ainsi, quand arrivera l'heure du rendez-vous, votre interlocuteur vous attendra avec une sensation de gravité : « Que peut-il bien avoir à me dire ? »

La plupart du temps, la formulation « J'ai quelque chose d'important à vous dire » suffit à obtenir votre rendez-vous et à engendrer l'attente et le climat d'inquiétude recherché. Cependant, il se peut que vous soyez confronté à des cas plus difficiles.

Citons le cas d'une femme qui n'arrivait plus à communiquer avec son fils d'une trentaine d'années. Suite à des différends familiaux importants, leur relation s'était complètement détériorée et le fils ne voulait plus entendre parler de sa mère. La situation durait depuis plus d'un an et cette maman souffrait énormément de ne plus avoir de nouvelles de son fils ni de ses deux petits-enfants. Elle lui laissait très fréquemment des messages sur son téléphone portable : « Tu sais, j'aimerais bien te voir, avoir de tes nouvelles... ». Aucune réponse, jamais.

En construisant son « Oser dire », cette femme a pris conscience de sa part de responsabilité dans la rupture familiale. Elle s'est rendu compte qu'en fait elle désirait demander pardon à son fils. Cependant, elle ne parvenait toujours pas à entrer en contact avec lui. Conformément à ce que nous disons sur la prise de rendez-vous, elle lui laissait de nouveaux messages : « Je t'appelle parce que j'ai quelque chose de très important à te dire ». Toujours pas de réponse. Il fallait aller plus loin.

Quand une personne refuse le contact et que vous êtes animé par l'intention noble d'exprimer enfin ce que vous ressentez sans pour autant blesser l'autre, il peut s'avérer nécessaire d'augmenter le climat d'inquiétude : il faut à tout prix que vous puissiez faire votre « Oser dire », il est vital que vous puissiez exprimer ce que vous avez à exprimer. N'oublions pas que l'un des objectifs d'un « Oser dire » est de « casser » la relation pour parvenir peut-être à en construire une autre, tout à fait différente, authentique, épanouie et enrichissante. Mais cette nouvelle relation qui sera beaucoup plus belle que l'ancienne ne peut advenir que si vous « cassez » la première. C'est impossible autrement.

Vu la beauté et l'importance de l'objectif final – rétablir une relation familiale saine –, il était donc nécessaire pour cette maman d'intensifier la gravité de sa demande afin que son fils finisse par lui répondre. Pour cela, il lui a fallu changer de formulation et elle est allée jusqu'à laisser un message tel que celui-ci : « Écoute, je te rappelle parce que j'ai quelque chose de très grave à te dire ». Alors là, les choses ont commencé à se modifier dans l'esprit du fils. « Quelque chose de très grave », c'est la porte ouverte à l'imagination : « Peut-être que ma mère est gravement malade, peut-être qu'elle a eu un accident, peut-être qu'il se passe dans la famille quelque chose de vraiment important... » Peu de temps après, le fils a décroché son téléphone pour appeler sa mère : « Bon, que se passe-t-il ? Quelque chose de très grave, c'est quoi ? », et la mère a résisté à dévoiler ce qu'elle avait à dire jusqu'à ce que son fils accepte une rencontre qui s'est avérée déterminante et positive pour l'avenir de la relation familiale.

Notons que la maman est restée foncièrement honnête et sincère car, de son point de vue, dans ce qu'elle ressentait, la situation était en effet très grave.

Précisons aussi que ce dernier cas est un cas extrême. D'une manière générale, les choses se passent plus simplement, avec moins de difficultés. Mais je préfère envisager les cas les plus complexes. Votre « Oser dire » ne sera sans doute pas aussi délicat que certains exemples que nous prenons ici mais, préparé aux complications, vous ne pourrez avoir que de bonnes surprises.

Lorsque la personne sera d'accord pour une rencontre, il vous appartiendra d'en fixer le lieu. Proposez de préférence un lieu neutre par rapport à cette personne. S'il s'agit par exemple de quelqu'un de votre entourage avec qui vous êtes brouillé ou avec qui vous avez de gros différends, ce n'est pas une bonne idée de vous rendre chez elle ou de l'inviter chez vous : ces lieux sont imprégnés par la mauvaise relation que vous entretenez. De plus, ils vous enlèvent de la liberté et de l'aisance.

On ne sait jamais comment va se dérouler un « Oser dire » : il peut s'interrompre à tout moment en fonction de la réaction de l'autre. Il est donc préférable que vous soyez libre de vos mouvements.

Souvent, les personnes choisissent un bar. Pourquoi pas ? Mais privilégiez avant tout un lieu calme. Quand cela est possible, je conseille le bar d'un hôtel luxueux : force est de reconnaître que ce sont généralement des endroits tranquilles, tandis que si vous allez au petit bistrot du coin avec le bruit des jeux vidéo et le serveur qui passe ses commandes, votre « Oser dire » ne sera sans doute pas fait dans les meilleures conditions.

Dans le cadre de la vie professionnelle, vous aurez cependant rarement le choix et, dans la plupart des cas, ce sera un bureau.

La 2e règle : savoir précisément ce que vous voulez dire

Nous avons déjà beaucoup travaillé sur la nécessité de la précision mais alors que l'heure du rendez-vous approche, je désire encore insister sur cet aspect essentiel d'un « Oser dire ».

À partir des « je t'en veux » exprimés dans la lettre de colère, vous avez élaboré votre message afin qu'il se présente comme une liste de phrases types : « Quand tu fais ça, JE ne me sens pas aimé. JE ne dis pas que tu ne m'aimes pas, JE dis simplement que JE ne me sens pas aimé. » Certaines personnes se demandent si elles doivent apprendre cette liste par cœur ou si elles iront faire leur « Oser dire » avec une feuille de papier où elles auront noté ces différents éléments.

La consigne est stricte : même si vous pensez avoir parfaitement mémorisé votre liste, il est indispensable de l'avoir avec vous. Souvenez-vous que dans cette situation, vous êtes extrêmement fragile au niveau émotionnel et que votre interlocuteur connaît vos points faibles. Malgré les conseils que je vous donnerai ensuite, il se peut qu'il réagisse. Vous risquez alors d'être déstabilisé et d'oublier certains points de votre « Oser dire » : si votre liste comporte cinq ou six éléments, il y a de fortes chances pour qu'après le deuxième ou le troisième point, vous ne sachiez plus très bien où vous en êtes. Ce n'est qu'après le rendez-vous que vous réaliserez que vous avez oublié tel ou tel élément. Certes, c'est une situation récupérable mais il serait dommage de vous y exposer en ne vous munissant pas de votre liste.

Il m'est arrivé par le passé d'avoir à faire un « Oser dire » qui comportait trente-cinq points différents ! C'était dans le cadre d'une relation d'amitié. La situation était particulièrement complexe car, outre sa longueur, je devais faire cet « Oser dire » à deux personnes en même temps : cela constitue un cas très rare car un

« Oser dire » doit normalement se dérouler en tête-à-tête. Mais, dans cette relation, nous étions tellement liés qu'il était impératif que j'exprime ce que je ressentais aux deux personnes à la fois. J'ai donné rendez-vous à mes deux amis dans le hall d'un grand hôtel. Une certaine tension régnait. Dès le troisième point de ma liste, j'ai vu que l'un de mes amis commençait à être agacé et impatient. Malgré les précautions que j'avais prises afin de ne pas être interrompu – conditions que nous verrons tout à l'heure –, je n'en étais qu'au septième point quand il a explosé : « Maintenant ça suffit, je ne peux plus entendre ça, ce n'est pas la peine de continuer, je m'en vais ! » Il a remballé ses affaires d'une manière précipitée et il est parti. Mon autre ami m'a regardé : « Tu veux qu'on continue ? » – « Non, mon « Oser dire » est destiné à vous deux. Si tu es seul, il n'a plus aucun sens : je le reprendrai à un autre moment mais je le ferai à vous deux. » Il m'a demandé d'attendre un instant et il est sorti de l'hôtel pour voir si l'autre était encore là. Au bout de quelques minutes, ils sont revenus tous les deux, j'ai repris ma liste et j'ai pu continuer mon « Oser dire » jusqu'à son trente-cinquième point.

Si je n'avais pas eu ma liste, il me paraît évident que dans de telles conditions, j'aurais oublié une bonne partie des choses que j'avais à leur dire. Mon « Oser dire » aurait alors perdu une grande partie de son impact.

Si cet exemple représente une exception à cause de sa longueur et de la présence de deux interlocuteurs, il encourage néanmoins à se munir de sa liste quel que soit le nombre d'éléments que vous avez à exprimer.

La 3e règle : se préparer psychologiquement et mentalement

Vous êtes maintenant à quelques minutes de votre rendez-vous. Bientôt, pour la première fois, il va vous falloir oser dire à votre directeur ou à votre fils, à votre mari, à votre femme, à un collègue de travail, à un ami...

C'est à ce moment-là qu'il est important d'être dans les meilleures conditions pour franchir le pas. Pour cela, vous allez mettre en application certains des outils que nous avons étudiés.

Cette préparation psychologique et mentale est très importante. Certaines personnes tendent à la négliger en se disant : « Maintenant c'est bon, j'ai compris, je prends ma liste d'oser dire et j'y vais. » Non. Souvenez-vous qu'il y a une zone de fragilité chez vous. C'est elle qui vous a amené jusqu'ici à ne pas oser dire les choses.

Dans le moment que vous allez vivre en réalisant votre « Oser dire », tout est nouveau : ce sont de nouveaux outils et de nouvelles situations. Attendez-vous donc à ce que ce ne soit pas forcément facile émotionnellement, surtout les premières fois. Personne n'apprend ni ne développe de nouveaux outils en un tour de main. Même plus tard, quand vous serez devenu un expert en communication, je vous conseillerai toujours d'effectuer une préparation psychologique et mentale. Je peux vous assurer qu'il existe des « Oser dire » très difficiles à réaliser, des « Oser dire » que vous serez même tenté de ne pas faire, préférant passer à côté tellement ils sont délicats et tellement ils demandent du courage.

Réactiver le point vert

Dans quelques instants, vous allez donc être confronté à quelqu'un qui vous impressionne. C'est l'heure de votre rendez-vous : Danielle a le cœur qui bat très fort à l'heure d'entrer dans le bureau de son directeur ; Didier est mal à l'aise quand approche l'entretien avec son associé...

L'enjeu de cette rencontre est important et grave comme celui de cette maman qui n'a plus de nouvelles de son fils depuis un an ou celui de Nathalie qui souhaiterait tellement que son mari l'entende enfin ou encore celui de la femme du garagiste qui voudrait tant se sentir aimée.

À ce moment-là, les émotions, les peurs et les appréhensions reviennent : « Mon patron va encore me crier dessus », « Mon fils refusera finalement de m'écouter », « Mon associé arrivera encore à changer de sujet », « Mon mari risque de se mettre en colère »...

C'est pour faire face à cette tempête émotionnelle qui pourrait vous gagner qu'il faut réactiver votre point vert. En joignant vos pouces et vos index puis en les posant entre vos yeux, vous allez réactiver vos ancrages et réinstaller en vous le calme profond, la sensation d'alignement et la maîtrise de vous-même. Faire le point vert et pratiquer en même temps la respiration abdominale va vous aider à vous recentrer et vous permettre d'atteindre l'état nécessaire pour réussir votre challenge.

Visualiser le dessin de son rêve

Il vous faut aussi visualiser le dessin que vous avez fait au début de ce livre et qui vous représente libéré et osant enfin vous exprimer. Ce dessin est le symbole de votre rêve en matière de communication. Mesurez le chemin que vous avez déjà accompli dans cette direction grâce aux exercices réalisés et aux outils acquis tout au long de votre lecture. Cela vaut vraiment le coup de continuer à progresser et de franchir ce pas du premier rendez-vous, de votre premier « Oser dire ».

Repenser aux deux cadeaux

Souvenez-vous également de l'expérience belle et forte où vous avez offert à l'enfant que vous étiez deux cadeaux, deux nouvelles ressources, pour lui permettre de faire face à une situation où il était en difficulté et se sentait impuissant.

Ces deux ressources héritées du passé vont vous accompagner pendant votre rendez-vous alors que vous allez enfin oser dire ces choses si importantes trop longtemps gardées au fond de vous.

Vous souvenir de ce que vous apprenez grâce à cette personne

Enfin, pour désamorcer toute agressivité, prenez le temps de vous rappeler une fois encore que, bien qu'elle vous fasse souffrir, la personne que vous allez rencontrer vous permet également de grandir.

L'heure du rendez-vous est maintenant arrivée. Là aussi, il vous faut respecter des règles très précises pour garantir son bon déroulement et assurer le succès de votre « Oser dire ».

Pendant le rendez-vous

La 1re règle du rendez-vous : avoir l'attitude cohérente

La première chose importante est d'avoir la physionomie, la posture et la voix en accord avec la tonalité que vous avez utilisée pour prendre ce rendez-vous. N'oubliez pas que vous avez fait mention de quelque chose de « très important » ou de « très grave ». Soyez naturel et faites attention de ne pas en faire trop ou pas assez. Il s'agit simplement d'avoir le comportement juste, celui qui est dicté par vos ressentis.

Si vous avez dit à votre fils « J'ai quelque chose de très grave à te dire » et qu'il vous voit arriver en souriant, il risque de se dire : « Elle m'a eu : c'est seulement pour obtenir ce rendez-vous qu'elle m'a annoncé que c'était très grave. »

Si un tel sentiment de trahison naissait chez l'autre, il est évident que votre « Oser dire » commencerait très mal et qu'il serait sans doute irrémédiablement compromis.

C'est pourquoi il importe beaucoup que votre physionomie soit dès l'abord en cohérence profonde avec votre état intérieur. N'oubliez pas l'attente, la curiosité, l'impatience ou l'appréhension que vous avez créées chez votre interlocuteur en lui demandant cet entretien. Soyez dans la peau de ce personnage qui a quelque chose de grave à exprimer, c'est-à-dire tout simplement dans votre propre peau, naturel et vrai, sans masque.

La 2e règle du rendez-vous : prendre les commandes de l'entretien, ne pas être dérangé, ne pas être interrompu

À partir de là, deux risques majeurs menacent votre « Oser dire » : être dérangé par un élément extérieur (téléphone, visite, arrivée de quelqu'un d'autre...) et être interrompu par votre interlocuteur. C'est à vous de les contrecarrer en prenant immédiatement les commandes de l'entretien.

Prendre les commandes de l'entretien en face de quelqu'un qui nous impressionne beaucoup ? Cela peut paraître difficile quand on le lit ici, « à froid », mais n'oubliez pas qu'en situation réelle vous bénéficierez de la préparation réalisée avant le rendez-vous : c'est précisément sur elle – et en particulier sur l'état de calme et de force intérieure installé grâce au point vert – que vous pourrez vous appuyer pour mener l'entretien comme il doit être mené et notamment pour demander de n'être ni dérangé ni interrompu.

Ne pas être dérangé

Retrouvons Danielle. Elle est arrivée dans le bureau de son directeur à l'heure du rendez-vous demandé au préalable dans les formes que nous avons indiquées. Elle est bien préparée ; sa physionomie et sa voix expriment une gravité cohérente avec sa prise de rendez-vous. Elle pourrait tenter de faire son « Oser dire » sans prendre les précautions dont nous parlons maintenant. Son directeur l'écouterait peut-être une minute. Et puis le téléphone sonnerait : « Allo oui ?... Très bien... D'accord... À bientôt... » Il se retournerait vers Danielle : « Ah oui au fait, et vous, qu'est-ce que vous vouliez me dire ? », avant d'être dérangé à nouveau par quelqu'un frappant à la porte du bureau et ainsi de suite... Il est clair que dans ces conditions, tout l'impact du « Oser dire » de Danielle s'écroulerait, noyé dans la masse des autres événements.

Prendre les commandes de l'entretien, ce sera ici pour Danielle demander avec à la fois beaucoup de fermeté et d'élégance, de diplomatie et de respect : « Seriez-vous d'accord pour que nous ne soyons pas dérangés pendant cet entretien ? »

Rappelons-nous que le directeur a accepté ce rendez-vous, qu'il s'attend à quelque chose d'important et qu'il se demande ce que sa salariée peut bien avoir à lui dire. Il suivra donc probablement sa curiosité et accèdera sans difficulté à la requête de Danielle, surpris de voir cette femme d'habitude si vulnérable manifester une telle assurance.

Ne pas être interrompu

La seconde demande est également délicate à faire mais elle constitue une clé incontournable pour pouvoir mener votre « Oser dire » jusqu'au bout : surtout ne pas être interrompu.

Malgré la forme non agressive que vous avez donnée au contenu de votre « Oser dire », malgré sa précision, malgré la noblesse de votre intention, certains points de votre message risquent de provoquer des réactions immédiates chez votre interlocuteur. Il se peut qu'il cherche à exprimer aussitôt son désaccord, sa colère, son sentiment d'injustice. Il se peut que votre « Oser dire » déclenche chez cette personne l'envie de rebondir immédiatement pour se justifier ou pour contester la véracité des faits auxquels vous faites référence. Vous pouvez aussi avoir affaire à un véritable expert qui va vous embrouiller et noyer votre message.

Avec ce type de personnes, vous commencerez à peine à exprimer l'un de vos premiers points : « Quand vous m'avez dit cela, je ne suis pas senti respecté... », que sans même vous laisser terminer, elle répliquera : « Mais non, ce n'est pas vrai. Vous ne pouvez pas dire ça. Ce n'est pas de ma faute parce qu'à l'époque, quand je vous ai dit cela... »

Il faut à tout prix éviter ce genre d'interruption qui transformerait très vite l'entretien en une querelle absolument stérile qui n'aurait plus ni l'esprit ni la forme ni le résultat d'un « Oser dire ».

Souvenez-vous de mon « Oser dire » en trente-cinq points : l'un de mes interlocuteurs est parti furieux alors que je n'en étais qu'au septième point. S'il est revenu et si j'ai pu aller finalement jusqu'au bout de ce que j'avais à dire, c'est parce que mon autre interlocuteur lui a rappelé qu'au début de l'entretien, il s'était engagé à ne pas m'interrompre.

C'est pourquoi je vous engage à employer textuellement cette phrase : « Voilà, j'ai quelque chose de très important à vous dire et pour moi, c'est très difficile. Aussi, je vais vous demander si vous êtes d'accord pour ne pas m'interrompre. »

Cette phrase dite, vous regardez votre interlocuteur droit dans les yeux et vous attendez qu'il vous réponde « Oui ». C'est vraiment une clé essentielle. À chaque fois qu'on n'obtient pas le « Oui », on va au-devant d'une querelle inutile semblable à celle que nous venons d'évoquer, une querelle où sans doute vous perdrez de nouveau tous vos moyens et où, une fois de plus, vous ne parviendrez pas à vous exprimer.

Vous devez donc arriver à obtenir un « Oui » et vous y arriverez grâce à votre détermination d'être cette fois-ci entendu jusqu'au bout.

Ce n'est que quand vous obtenez ce « Oui » que vous tenez véritablement les commandes de l'entretien. À partir de ce moment-là, si la personne en face de vous commence à vous couper la parole ou à discuter ce que vous êtes en train de dire, vous vous arrêterez immédiatement, vous lui rappellerez : « S'il vous plaît, vous avez promis de ne pas m'interrompre. », et vous ne reprendrez le cours de votre « Oser dire » que lorsque la personne aura acquiescé. C'est un point sur lequel vous devrez rester très ferme tout au long de l'entretien.

La 3e règle du rendez-vous : déclarer votre intention

La première chose à dire quand vous aurez obtenu ce « Oui » sera de déclarer votre réelle intention, votre objectif profond : c'est l'introduction de votre « Oser dire ». Votre interlocuteur est dans l'attente de quelque chose d'important. La gravité avec laquelle vous avez demandé votre rendez-vous et avec laquelle vous demandez maintenant de ne pas être interrompu peut avoir fait naître en lui des appréhensions, des craintes. En tout cas, sa curiosité est très vive par rapport à ce que vous avez à lui dire. Il vous faut donc planter immédiatement le décor en précisant clairement pourquoi vous voulez lui parler.

La maman annoncera par exemple à son fils qu'elle désire établir avec lui une relation harmonieuse. Didier pourra expliquer à son associé : « Mon intention est que nous progressions dans notre collaboration pour qu'elle soit encore plus performante et que notre entreprise soit encore plus prospère. » En aucun cas il n'y aura d'agressivité ou d'esprit revanchard dans cette intention.

En communiquant votre objectif au tout début du rendez-vous, vous fixez pour l'autre le cadre de l'entretien et le sens de votre démarche, vous lui montrez aussitôt que vous n'êtes pas venu régler des comptes.

Ainsi, la femme du garagiste précisera à son mari : « Le but de ma démarche, c'est que nous soyons plus heureux tous les deux ». Son mari sera alors d'accord pour l'écouter. S'il cherche néanmoins à contester cette intention en disant par exemple : « Mais on est déjà heureux tous les deux ! », elle répondra doucement mais fermement : « S'il te plaît, tu as promis de ne pas m'interrompre. »

À partir de là, vous pouvez commencer à avancer doucement dans votre « Oser dire », en restant vigilant à bien respecter la vague de non-agressivité que nous avons étudiée, cette musique que vous avez désormais dans l'oreille : « Quand tu fais cela, JE ne me sens pas aimé. JE ne dis pas que tu ne m'aimes pas. JE dis simplement que JE ne me sens pas aimé. »

Tranquillement, simplement, en acceptant d'être profondément vous-même comme jamais vous n'avez osé le faire auparavant, vous exprimez enfin à cette personne ce que vous ressentez ou ce que vous avez ressenti dans telle ou telle situation.

Pour vous, c'est un moment émotionnellement très chargé et très fort. Il vous reste une dernière phase délicate à accomplir : savoir conclure.

La 4e règle du rendez-vous : savoir conclure

Nous avons parlé de votre message comme d'une flèche. Grâce à la précision atteinte dans la construction de votre « Oser dire », un rendez-vous de dix minutes maximum sera amplement suffisant. Un entretien plus long ne servirait à rien : votre « Oser dire » serait alors trop flou et se perdrait dans sa longueur au lieu d'atteindre sa cible.

N'oubliez pas que depuis le début, c'est vous qui tenez les commandes de l'entretien. C'est aussi dans cet esprit qu'il convient de conclure. Quand vous avez exprimé tous les points de votre « Oser dire », l'idéal est de parvenir à une formulation tendant vers celle-ci : « Voilà ce que je voulais vous dire. Je vous remercie de m'avoir reçu, je vous remercie de m'avoir écouté », et puis de partir en laissant l'autre personne avec ce qu'elle vient d'entendre.

Surtout, n'attendez pas le débat et ne le provoquez pas. Si votre interlocuteur le réclame et demande en quelque sorte un « droit de réponse », n'hésitez pas à faire part de votre état, quitte à paraître secoué ou ému : « Je suis bien sûr d'accord pour reparler de tout ça mais, sincèrement, vous dire ces choses était très difficile pour moi et je préfère que nous en restions là pour aujourd'hui. »

Au pire, invoquez une obligation importante, mais je vous conseille vivement de ne pas entreprendre un débat « à chaud ». D'une part, vous serez fatigué et vidé par la démarche que vous venez d'accomplir. D'autre part, pour que la magie du « Oser dire » s'opère, vous devez laisser l'autre avec ce que vous venez de lui exprimer. Vous devez laisser pénétrer en lui la puissance de votre message et cela n'est possible que si vous ne vous laissez pas entraîner dans un discours stérile où l'autre finirait par vous absorber à nouveau ou tenterait de reprendre le dessus.

Qu'est-ce que la magie du « Oser dire » ? Ce sont les effets non prévisibles qui résultent de votre démarche courageuse.

Ainsi, « l'Oser dire » qu'une personne avait fait à sa responsable avait eu d'abord des suites inquiétantes. À la suite du rendez-vous, sa responsable était en effet restée trois mois sans lui adresser la parole. Sa froideur était si visible que la personne regrettait presque d'avoir osé s'exprimer. Et puis un jour, sa responsable l'a convoquée à un entretien. Inquiète comme on peut l'imaginer, la personne se rend au rendez-vous. Et là sa responsable lui dit : « Il y a quelques mois vous êtes venue me dire des choses pas très agréables à entendre. Aujourd'hui, je tiens à vous remercier car ce que vous m'avez dit m'a permis de prendre conscience que je devais améliorer ma façon de manager le service. Vraiment je vous remercie. » Depuis cette étape, leur relation n'a cessé d'évoluer, de s'améliorer, de s'enrichir.

C'est ça la magie du « Oser dire », des conséquences imprévisibles qui interviendront si vous respectez les étapes de cette méthode et surtout si vous savez conclure de la façon dont je l'ai exposé.

Laissez l'autre immédiatement après lui avoir exprimé vos ressentis. Ne tombez surtout pas dans l'erreur de cette autre personne qui devait faire un « Oser dire » à sa sœur d'une cinquantaine d'années. Cette sœur avait toujours eu le dessus sur elle. Elle en avait même peur mais elle avait enfin trouvé le courage de lui dire tout ce qu'elle avait sur le cœur et qu'elle n'avait jamais osé exprimer.

Elle avait suivi scrupuleusement la structure que j'explique dans ce livre ; pour être au calme, elle avait pris rendez-vous avec sa sœur dans un bar élégant ; elle avait sa liste posée devant elle ; tout allait bien. Elle avait fait son « Oser dire » jusqu'au bout en ayant demandé à sa sœur de ne pas l'interrompre. Un parcours sans faute jusqu'au moment où elle a remercié sa sœur de l'avoir écoutée. La voici donc qui lui annonce son intention de prendre congé. Sa sœur acquiesce, elles appellent le serveur pour régler l'addition, et à ce moment précis sa sœur lui dit avec un ton amical : « J'ai quelques courses à faire dans le quartier, tu viens avec moi ? » Et là, attention ! Sans doute surprise par le ton doux et chaleureux de sa sœur, cette personne accepte la proposition. Elles sortent du bar et quelques centaines de mètres plus loin, sa sœur revient sur le « Oser dire » avec une violence incroyable en lui jetant à la figure des choses qui la foudroient sur place.

Sans s'en apercevoir, cette personne avait raté l'étape très importante de la conclusion. Elle aurait bien sûr dû partir aussitôt après avoir terminé son « Oser dire » et ne pas tomber dans le piège que lui tendait sa sœur en lui proposant gentiment d'aller faire des courses. Elle avait alors baissé la garde et sa sœur en avait profité pour l'anéantir, comme d'habitude.

Vous venez de finir votre « Oser dire » et vous quittez la personne. Ensuite, laissez faire la vie. Vous n'avez pas voulu blesser, vous vous êtes contenté d'exprimer votre douleur, votre souffrance. Dans votre « Oser dire », il n'y a eu aucune agressivité, aucune colère, aucune violence, aucune injure. Vous avez simplement été vous-même. Sincère et profond, vous avez exprimé ce que vous auriez dû exprimer depuis longtemps.

Maintenant, laissez reposer. N'attendez rien de cet « Oser dire ». Vous l'avez fait pour vous libérer de tout ce que vous aviez stocké en vous à force de ne rien dire et de laisser faire.

Concentrez-vous seulement sur les sensations agréables que l'on éprouve après avoir dit. Profitez de cet état de bonheur, de liberté et de soulagement que l'on ressent après un « Oser dire ».

Néanmoins, il se peut que vous ressentiez aussi un sentiment de culpabilité : ce sont vos anciens schémas de peurs qui remontent à la surface et c'est normal. Vous avez vécu tant d'années précisément en ne disant pas, par peur de blesser, par peur du conflit, par peur de perdre l'amour de l'autre, par peur d'être rejeté..., toutes ces peurs qui font que vous en êtes encore là dans votre communication et dans votre vie.

En osant dire, vous allez faire un pas de géant dans votre évolution. Vous prendrez enfin votre place en vous affirmant et en ne laissant plus passer ces choses qui vous minent et vous détruisent lentement.

DIRE
Fiche récapitulative

- **Avant le rendez-vous**

- 1re règle : Les mots et l'intonation à employer lors de *la prise de rendez-vous*, le choix du lieu. Ne pas dévoiler votre message.

- 2e règle : Savoir précisément ce que vous voulez dire et vous munir de la *liste* où vous avez noté tous les points de votre « Oser dire ».

- 3e règle : Vous préparer psychologiquement et mentalement :

  - Réactiver le *point vert* pour vous recentrer ;

  - Visualiser le *dessin de votre rêve* afin de mesurer le chemin déjà accompli et vous donner le courage de continuer ;

  - Repenser aux *deux nouvelles ressources* acquises lors du travail sur l'expérience primaire ;

  - Vous souvenir que la personne que vous allez rencontrer est une *source d'apprentissage* et qu'elle vous permet de *grandir*.

- **Pendant le rendez-vous**

- 1re règle : avoir une *attitude cohérente* avec le ton utilisé pour prendre rendez-vous.
- 2e règle : prendre les commandes de l'entretien :
  - Demander à *ne pas être dérangé ;*
  - Demander à *ne pas être interrompu.*
- 3e règle : déclarer *l'intention profonde* de votre « Oser dire » afin que *le sens non-agressif* de votre démarche soit clair.
- 4e règle : *savoir conclure* sans vous laisser entraîner dans un débat « à chaud ».

S'ENTRAÎNER : LES JEUX DE RÔLE

C'est maintenant l'heure de mettre le cap sur votre réussite et je souhaite que ce livre vous aide à trouver le courage de passer à l'action.

Doté des outils que vous avez découverts, riche de réflexions nouvelles, ayant élaboré le message précis dont vous voulez faire part, muni de règles strictes à respecter, vous êtes maintenant prêt à réaliser votre premier « Oser dire » et à accomplir un pas immense vers une vie plus épanouie.

Je le répète : n'attendez pas un mois, faites-le dans la semaine ou les quinze jours qui suivront la lecture de ce livre. Ce que nous avons vu ensemble ne prend sa véritable dimension que dans la pratique.

Votre premier « Oser dire » ne sera peut-être pas parfait, vous serez encore un peu maladroit. Qu'importe ? Dans tout apprentissage, on progresse par l'erreur bien plus que par la réussite absolue.

C'est dans ce sens que je travaille lors des jeux de rôle qui concluent les stages que je consacre à l'enseignement d'oser dire et de savoir le dire. Les participants ont alors l'opportunité de parfaire et d'intégrer en profondeur tous les éléments qu'ils viennent de découvrir.

Comment cela se passe-t-il ? Grâce aux indications que me donne le stagiaire, j'interprète la personne qu'il a choisie comme « cas d'école », celle à qui il fera son premier « Oser dire ». Je l'interprète sans concession, en cherchant au contraire à coller au plus près du tempérament et des traits de caractère de cette personne. En amenant le stagiaire au même niveau émotionnel que dans la réalité, je l'aide à détecter les points faibles et les failles de son « Oser dire » : il peut ainsi s'entraîner à y remédier. On pourrait dire que c'est comme une répétition de théâtre mais ici la pièce est sa propre vie.

Les autres stagiaires regardent la scène, analysent les bonnes et les mauvaises stratégies, et progressent eux aussi en constatant les erreurs de celui qui fait son « Oser dire ». Ils sont d'autant plus vigilants qu'ils savent que leur tour va venir. Tout le monde est tour à tour acteur et spectateur.

Lors des jeux de rôle, les stagiaires prennent conscience de la vraie complexité d'un « Oser dire » et de sa gravité.

Par ma façon d'agir et de réagir quand j'interprète le père, le patron, le collègue, le fils..., je leur fais toucher du doigt leur difficulté à oser s'exprimer, cette difficulté à laquelle ils ont déjà été confrontés des dizaines de fois. Ainsi, le point vert, la visualisation du dessin, la précision du message, l'importance de la prise de rendez-vous, la nécessité de prendre l'entretien à son compte, tout cela devient très concret et se charge de sens. Peu à peu, les stagiaires intègrent les nouveaux comportements qui modifieront en profondeur leur façon de communiquer. C'est un peu comme l'installation d'un nouveau logiciel.

En essayant de faire son « Oser dire », le stagiaire comprend mieux ses lacunes et identifie clairement les phases qu'il doit encore renforcer. Il prend également conscience des éléments qu'il aurait tendance à négliger dans la préparation ou dans la réalisation de sa démarche, et de tous les détails qui pourraient en compromettre la réussite.

Mon désir est toujours d'amener la personne à progresser et à devenir plus forte. Ainsi, quand j'interprète le fils qui ne veut plus communiquer avec sa mère et que celle-ci, dans la prise de rendez-vous par téléphone, me dit avec un sourire dans la voix :

« Bonjour, je voudrais te voir, j'ai quelque chose à te dire. »

Je réponds très sèchement :

« Écoute, tu sais bien que je suis très occupé et que j'ai aucune envie de te voir. »

Les stagiaires-spectateurs se sont bien rendu compte que je ne jouerai pas un fils accommodant et que la formule et le ton employés par la maman ne suffisent pas. Elle aussi a compris son erreur. Je lui demande alors de recommencer :

« Bonjour, je voudrais te voir parce que j'ai quelque chose d'important à te dire.

– Je n'ai pas le temps. »

Les autres stagiaires ont envie d'encourager la maman à aller plus loin mais déjà le ton de sa voix a changé :

« C'est quelque chose de très grave.

– Dis-le moi tout de suite alors. »

Mon intonation étant encore tout à fait froide et agacée, je pense que la maman va craquer et livrer tout de suite son « Oser dire », ce qu'il ne faut absolument pas faire lors de la prise de rendez-vous. Visiblement, les autres stagiaires pensent de même. Mais elle répond, ferme et grave :

« Je ne peux pas te le dire par téléphone. Peux-tu m'accorder un rendez-vous ?

– En ce moment j'ai beaucoup à faire, dis-moi donc ce que tu as à me dire.

– Ça ne peut pas se dire par téléphone. Je préfère attendre que tu aies un moment pour me recevoir plutôt que de te le dire tout de suite. »

Surpris par cette fermeté, j'accepte alors de prendre rendez-vous. Les autres stagiaires applaudissent cette maman qui souffre et qui vient de franchir cette première étape. Grâce à elle, ils saisissent aussi la réelle difficulté d'une prise de rendez-vous et l'importance des mots utilisés à ce moment-là.

Comme ce fut le cas avec Nathalie, les jeux de rôle constituent souvent des moments très émouvants. En effet, ces entraînements peuvent aller loin en m'obligeant à m'engouffrer dans les failles du stagiaire pour mieux l'aider à s'en sortir.

Je sentais la jeune femme inquiète. Elle ne m'avait pas dit qu'elle se mettait très souvent à pleurer quand elle cherchait à parler à son mari de son comportement à la maison et de la souffrance que cela engendrait chez elle.

Elle commença son « Oser dire ». Dès le deuxième point : « Quand tu allumes la télé avant même de me dire bonjour, je ne me sens pas aimée. Je ne dis pas que tu ne m'aimes pas, je dis simplement que je ne me sens pas aimée », elle commença à sangloter.

Étant donné la description qu'elle m'avait faite de son mari, je lui lançai durement :

« Ah non ! Tu ne vas pas te mettre à chialer ! C'est insupportable ! Ça m'énerve quand tu pleures comme ça ! »

Nathalie arrêta son « Oser dire » et me dit :

« C'est incroyable mais c'est exactement comme ça que mon mari réagit quand je commence à pleurer.

– Que fais-tu d'habitude à ce moment-là ?

– J'arrête de parler et je m'en vais.

– Non ! C'est fini, ça ! À partir de maintenant, si tu pleures, tu acceptes de pleurer mais tu continues. Tu as des choses importantes à dire. Elles sont écrites sur ta liste. Alors tu iras au bout et ton mari t'écoutera même si tu pleures ! »

Je lui proposai de recommencer son « Oser dire ». Très vite, elle se remit à pleurer. Même réaction de ma part, jouant le mari très dur :

« Encore ! C'est pas possible ! Tu ne peux vraiment pas me parler sans chialer !

– Oui, je pleure et alors ? Tu as promis de m'écouter sans m'interrompre. Alors voilà : quand tu rentres à la maison et qu'avant même de m'avoir dit bonjour, tu demandes « Qu'est-ce qu'on mange ? », je ne me sens pas considérée. »

Malgré ses larmes, elle continua sa liste jusqu'au bout. Devant les yeux de tous les autres stagiaires, elle se dépassait complètement, elle franchissait une étape qu'elle n'avait jamais franchie, elle osait aller là où elle n'était jamais allée.

Pour elle, c'était une immense libération : elle acceptait enfin ses émotions. C'était bouleversant. Un moment très beau et très fort. J'étais moi-même au bord des larmes.

Le jeu de rôle avec Didier fut tout à fait différent. Du premier coup, c'était parfait. Trop parfait !

Je jouais son associé qui lui devait 30 000 euros. Prise de rendez-vous ferme et tranquille avec comme lieu de rencontre le hall d'un grand hôtel proche du siège de leur société. Physionomie et ton de la voix absolument en cohérence avec l'importance des choses à dire. Préparation psychologique donnant à Didier un calme étonnant. Prise en main de l'entretien impeccable. Noblesse de l'intention : « renforcer leur relation afin que leur entreprise commune soit encore plus performante ». Précision du message ne pouvant donner lieu à aucune contestation tout en montrant un Didier profondément sincère et humble.

Une réussite, et Didier avait bien senti que tout se déroulait de la meilleure façon possible. Cela l'avait mis en confiance. Aussi quand il eut fini, il me laissa prendre la parole : ce fut son erreur.

« Oui Didier, je sais bien que je te dois cet argent, et depuis longtemps. Je suis content que tu m'en parles parce que je ne suis pas fier de cette situation. Je suis vraiment gêné d'autant plus que c'est vrai que c'est toi qui diriges réellement l'entreprise. Je ne suis jamais là. J'aimerais vraiment pouvoir te rembourser tout de suite mais, tu sais, ce divorce dont je t'ai parlé – je t'ai parlé de mon divorce, non ?... », et je continuai ainsi, éloignant peu à peu Didier de sa demande initiale jusqu'à ce que ce soit moi qui, prétextant un avion à prendre, mette fin à l'entretien sans qu'il soit à nouveau question de la dette.

Didier vit clairement l'erreur qu'il avait faite : dans la situation réelle, il aurait eu toute sa démarche à refaire parce qu'il avait laissé l'entretien continuer après son « Oser dire ».

Mis en garde par ce jeu de rôle, il réalisa en fait un « Oser dire » efficace jusque dans sa conclusion.

Quand il m'appela quelques jours après, il sortait de ce rendez-vous, heureux de m'annoncer qu'il avait récupéré son chèque de 30 000 euros.

L'un des jeux de rôle les plus spectaculaires nous fut offert par Danielle. J'interprétais son directeur. Dans la phase de prise de rendez-vous, je fus particulièrement agréable, acceptant sans problème l'entretien qu'elle demandait. Mais quand elle arriva pour faire son « Oser dire », ce fut tout à fait différent. À peine avait-elle dit trois mots que j'éclatai en hurlant :

« Encore vous ! Ce n'est pas possible, je suis sûr que vous êtes encore venue me parler de votre augmentation ! Je n'en peux plus ! C'est insupportable à la fin ! Vous croyez que je n'ai que ça à faire, moi !... »

Face à cet assaut de violence gratuite, Danielle perdit rapidement tous ses moyens. Elle était visiblement complètement découragée. Je mis fin à la scène et lui demandai si elle s'était suffisamment préparée psychologiquement :

« Je crois que oui, me dit-elle. J'ai suivi toutes les règles qu'on a vues, la précision de ce que j'avais à dire, la clarté de mon intention, j'ai fait le point vert, j'ai visualisé le dessin, j'ai repensé aux deux cadeaux, à ce que j'apprenais grâce à mon directeur... Oui, j'ai tout fait et je me sentais prête. Mais je suis vraiment trop nulle, je n'y arriverai jamais, je ne peux pas supporter cette violence.

– Si, tu vas y arriver. Je te promets que tu peux y arriver. Prends un moment, prépare-toi à nouveau. »

À la deuxième tentative, j'accentuai encore la violence du directeur : « Ah, vous revoilà, vous ! Toujours votre augmentation ! Vous n'avez que ce mot à la bouche ! »

Je l'incendiai littéralement. Danielle baissait la tête, tremblante. Je me disais qu'à nouveau elle ne tiendrait pas. Et, tout à coup, surprise ! À la stupéfaction générale, elle fit quelque chose qui n'est pas prévu dans le déroulement d'un « Oser dire » : elle joignit les pouces puis les index et monta ses mains au contact de la zone située entre les deux yeux. En direct, face à moi et sous le regard des autres stagiaires, elle refaisait le point vert !

J'étais sidéré : sentant la tempête émotionnelle la gagner malgré sa préparation préalable, Danielle prenait d'elle-même la décision d'aller chercher encore plus loin en elle et trouvait, comme par réflexe, le moyen d'accéder à ce calme profond dont elle avait besoin pour faire face.

Moi-même déstabilisé, je tentais néanmoins de continuer sur le même ton. Mais Danielle tenait. C'était extraordinaire à voir. Quand je me tus enfin, elle releva la tête et prit la parole : « Ça y est ? Vous avez fini de crier ? Je peux parler ? » Sa voix n'était plus la même, une voix plus grave qu'à l'ordinaire, à la fois douce et ferme, venant du fond d'elle-même :

« Monsieur le directeur, je vous remercie de m'avoir accordé ce rendez-vous. J'ai quelque chose de très important à vous dire. C'est très difficile pour moi. Aussi je vous demanderais si vous êtes d'accord pour ne pas m'interrompre... »

Tous les stagiaires applaudirent : Danielle avait réussi. En arrivant à ne plus fuir face à la violence, elle venait de remporter une immense victoire sur elle-même. Elle s'effondra en larmes, profondément émue et stupéfaite d'être parvenue à aller si loin en elle.

Quand je revis Danielle quelque temps après, elle rayonnait. Le changement était radical. La femme timide et mal à l'aise avait laissé place à une femme confiante et épanouie. Elle m'avoua que cet « Oser dire » avec son directeur avait été un véritable déclencheur et que toutes ses relations aussi bien professionnelles qu'amicales et familiales avaient changé du tout au tout.

J'aimerais terminer ce livre en évoquant une séance de jeux de rôle qui donna lieu à un « Oser dire » tout à fait particulier.

Parmi les participants de ce stage, il y avait une jeune femme que je suivais en coaching individuel. Je la voyais une fois par mois et cela faisait environ trois semaines que je ne l'avais pas reçue. Quand elle est arrivée pour le stage, j'ai aussitôt remarqué qu'elle était tendue, que quelque chose n'allait pas.

Les stagiaires choisirent la personne à qui ils destinaient leur premier « Oser dire ». L'un me dit « C'est un collègue », un autre « C'est ma sœur », un troisième « C'est mon mari »... La jeune femme dit : « Moi, c'est un ami ».

Je voyais bien qu'au fur et à mesure de l'apprentissage des outils et des techniques, cette jeune femme était de plus en plus mal à l'aise. À la fin du stage, les jeux de rôle arrivèrent.

N'en ayant pas parlé auparavant, j'expliquai aux stagiaires de quoi il s'agissait et combien ces entraînements étaient importants. Je leur proposai ensuite de faire une pause avant d'attaquer cette dernière phase du stage.

Je rentrai dans mon bureau. On frappa. C'était la jeune femme :

« André, je suis très embêtée.

– Ah bon, qu'est-ce qui se passe ?

– Un enfer ! L'« Oser dire » que j'ai préparé, c'est à toi qu'il est destiné ! »

Je comprenais le trouble dans lequel elle était depuis le début du stage. Je lui dis :

« Non, ce n'est pas l'enfer : c'est fantastique au contraire ! Si tu es d'accord, tu vas me faire ton « Oser dire » devant tout le monde.

– Mais ce n'est pas possible. Et toi ? Ce ne sont pas forcément des choses agréables à entendre, et en plus devant tous tes autres stagiaires.

– Ne t'inquiète pas pour moi. Je ne sais pas ce que tu as à me dire mais tu vas le faire parce qu'il est important que tu le fasses. »

C'était en effet indispensable : tout son travail – la lettre de colère, la lettre de gratitude, la liste des peurs, des croyances... – avait été réalisé en fonction de moi. Si elle ne le faisait pas, elle perdait une bonne partie de l'acquis de la formation.

Quand son tour est venu, elle a annoncé à ses collègues de stage que son « Oser dire » m'était destiné. Les autres participants n'en revenaient pas : personne n'était au courant. J'ai leur ai expliqué qu'elle était venue m'annoncer cela pendant la pause, prenant ainsi son rendez-vous dans les règles car elle ne m'avait rien révélé de ce qu'elle avait à me dire.

La situation n'était simple ni pour elle ni pour moi. Alors qu'elle se préparait de son côté, je me suis préparé du mien et j'ai fait moi aussi le point vert. J'ai expliqué aux stagiaires l'importance du nouvel élément très important qui apparaissait grâce à cette situation tout à fait inattendue : savoir écouter un « Oser dire ».

En effet, une personne qui a appris à oser dire et à savoir dire doit être capable d'une écoute profonde, d'une écoute silencieuse où elle ne réagit pas immédiatement à ce qu'elle entend. Même si ce qui est dit peut blesser, même si cela semble injuste, il faut laisser la personne qui nous parle aller jusqu'au bout. Nous avons le devoir de l'écouter et ce sera souvent une expérience éprouvante. Nous nous contenterons d'accueillir ce que cette personne a à nous dire et nous prendrons du temps pour laisser les choses décanter, en sachant que dans ce qu'elle exprime, il y a une part de vérité.

La jeune femme a commencé son « Oser dire ». Elle a exprimé tous ses ressentis : « Quand tu m'as dit ça tel jour, je me suis sentie.... Je ne dis pas que... Quand tu m'as répondu sur ce ton-là tel autre jour, je me suis sentie... »

Je ne jouais personne bien entendu. J'étais moi-même et je l'écoutais intensément, profondément, sans l'interrompre.

Son « Oser dire » s'est achevé :

« Voilà André, c'est tout ce que je voulais te dire. Je te remercie de m'avoir écoutée. »

Je l'ai remerciée à mon tour pour le courage d'avoir effectué cette démarche.

Il y a eu un grand silence. C'était très fort, peut-être l'un des moments les plus forts que j'ai vécus dans ma vie de coach en communication.

Cet « Oser dire » a eu d'énormes conséquences positives dans notre travail en coaching individuel. Sans cet « Oser dire », elle aurait tout arrêté sans oser m'expliquer pourquoi. De mon côté, je me serais longtemps demandé ce qui s'était passé.

Grâce à son « Oser dire », nous avons pu parler des choses qui l'avaient froissée. Nous avons compris qu'un malentendu faussait notre relation. Je l'avais blessée sans m'en rendre compte. Je l'avais blessée comme cela arrive dans la vie : en effet, c'est souvent sans nous en apercevoir que nous manquons de respect aux autres. Inversement, il arrive fréquemment aux autres de nous offenser sans le vouloir et ils n'en prendront conscience que si nous osons leur dire.

Ces blessures invisibles durcissent le monde chaque jour un peu plus et nous nous replions sur nous-mêmes. Oser dire, savoir dire et savoir écouter permet d'échapper à cela. Si des blessures surviennent, elles sont aussitôt exprimées et peut-être mieux comprises par l'autre.

Cette nouvelle compréhension ouvre la porte sur des relations franches, sincères et authentiques. Grâce à cette façon de faire, nous nous engageons sur le chemin de la sérénité.

Je souhaite de tout cœur que vous puissiez découvrir tous les bienfaits que procure la seule détermination à ne plus garder au fond de vous ce qui fait mal et que vous soyez émerveillé par la magie du « Oser dire ».

Engagement sur une charte pour une empreinte écologique limitée

Les éditions Le Souffle d'Or sont membre des éditeurs « écolo-compatibles »

Les éditions Le Souffle d'Or se préoccupent depuis de nombreuses années de leur impact écologique ; à ce titre, elles sont co-fondatrices de l'initiative des éditeurs « écolo-compatibles » (Salon du livre de Paris 2010).

EXTRAITS DE LEUR CHARTE

- Imprimer au moins 80 % de notre production éditoriale sur des papiers recyclés, ou labellisés.
- Imprimer au moins 80 % de notre production éditoriale à moins de 600 km de nos lieux de stockage.
- Donner nos ouvrages en fin de vie à des associations ou dans des actions d'accès à la culture plutôt que de les pilonner.
- Contribuer à des actions associatives en lien avec notre ligne éditoriale.

Plus de précisions et actualité sur le site **www.leseec.org**

Cher/e lecteur/lectrice, lorsque vous achetez un livre, regardez-vous où il a été fabriqué ? Cette curiosité mérite votre attention, car vous découvrirez que la plupart des livres sont aujourd'hui imprimés en Asie du Sud-Est ou Europe de l'Est ; ce n'est pas notre cas, car nous faisons le choix d'éditeurs régionaux et de papier soit recyclé, soit au moins labellisé « durable ».

Merci d'en tenir compte !

Yves MICHEL

www.souffledor.fr

Charles Gibert

Faites le plein... de vitalité !

Médecine Traditionnelle Chinoise, homéopathie, psychologie, diététique

Vous en avez « par-dessus la tête, plein le dos, ras le bol, gros sur la patate », vous soupirez, « vous vous faites de la bile, du mauvais sang », « Quelque chose vous gonfle » ?

Vous êtes « à plat! », entre colères et abattements, entre désirs et peurs...

Impossible de dormir, de se réveiller...

« Qu'est ce qui vous arrive? »

Vos organes et vos émotions se parlent. L'énergie est leur langage. Il est temps de le savoir... Parce qu'il est temps de guérir!

Dans ces pages, Charles Gibert vous offre des outils simples pour comprendre et corriger les déséquilibres énergétiques qui conduisent aux troubles du corps...et de l'âme.

Médecine traditionnelle chinoise, homéopathie, psychologie, diététique,...

Ouvrez ce livre, et laissez-le vous lire !

Charles Gibert est docteur en médecine, homéopathe, acupuncteur, sophrologue, ancien élève du Pr Alfonso Caycedo à l'Ecole Internationale de Sophrologie de Barcelone, partage son temps entre l'exercice de l'homéopathie, l'acupuncture et les séminaires.

FSC
www.fsc.org
MIXTE
Papier issu
de sources
responsables
FSC® C011782

IMPRIM'VERT
2012

Achevé d'imprimer par XL Print - 42010 Saint-Etienne
sur du papier recyclé avec des encres végétales
Dépôt légal : septembre 2011
N° d'imprimeur : V009811/00

Imprimé en France